中研院近代史研究所口述历史系列

劳声寰先生口述历史

访问　黄嘉谟　陈存恭

纪录　陈存恭

九州出版社
JIUZHOUPRESS
全国百佳图书出版单位

图书在版编目（CIP）数据

劳声寰先生口述历史 / 黄嘉谟，陈存恭访问 ；陈存恭纪录. --北京：九州出版社，2012.10

（中研院近代史研究所口述历史系列）

ISBN 978-7-5108-1741-0

Ⅰ. ①劳… Ⅱ. ①黄… ②陈… Ⅲ. ①劳声寰一生平事迹 Ⅳ. ①K825.2

中国版本图书馆CIP数据核字(2012)第237250号

劳声寰先生口述历史

作　　者　黄嘉谟　陈存恭 访问　陈存恭 纪录
出版发行　九州出版社
出 版 人　徐尚定
地　　址　北京市西城区阜外大街甲35号（100037）
发行电话　(010)68992190/2/3/5/6
网　　址　www.jiuzhoupress.com
电子信箱　jiuzhou@jiuzhoupress.com
印　　刷　三河市东方印刷有限公司
开　　本　680毫米×970毫米　16开
印　　张　13.25
字　　数　126千字
版　　次　2013年3月第1版
印　　次　2013年3月第1次印刷
书　　号　ISBN 978-7-5108-1741-0
定　　价　32.00元

出版说明

台湾中研院近代史所，从建所至今，几十年来共采写和出版了二百余种“口述历史”。近代史所的学者制定了严格的口述史操作规范，并进行采访和撰写，使类似史料层面的“回忆录”和“纪实”，上升为可供专业人员研究的“口述历史”。他们的访问对象涉及当代军事、政治、经济、文化等各方面的重要人士，请其自述生平，为现代史研究留下了一系列珍贵的口述记录。

九州出版社“中研院近代史研究所口述历史系列”，是上述二百余种“口述历史”的精选集，也是海峡两岸出版交流中心的重点引进出版项目。本系列以简体字出版，对原书注文体例和文字错误进行了必要的订正。原版本的丛书弁言和前言，介绍了该丛书的缘起、价值和意义等情况，简体版将其主要内容附于书前。

该书访谈对象的某些政治立场、观点和看法，我们并不认同，但为了保留史料，便于参考研究，在编辑过程中，我们对文中对我党我军的诬蔑性语句和称谓进行了中性处理，内容仍保留原貌；个别之处，有所节略；对于文中一九四九年十月一日以后使用的“民国”纪年，改为公元纪年；对于文中一九四九年十月一日以后的台湾当局相关机构、职务等，加以引号。本系列图书供近现代史专业读者参考使用，望读者在阅读时注意辨析书中的一些内容。

九州出版社

2013 年 3 月

弁　言

口述历史访问计划，中研院近代史研究所在筹备时期，即由筹备主任（嗣任首任所长）郭廷以拟订进行，其目的在访问当代军事、政治、外交、文教、经济、社会等各方面的重要人物，请其自述生平，为现代史保留忠实而深入的纪录，以备历史学者之研究。自一九五九年十月起迄一九七二年九月止，参加访问工作者先后有沈云龙、王聿均等二十二人，接受访问者七十余人，成稿六十六份，约四百八十万言。

口述历史资料，其重要性不亚于文献档案。民国以还，内乱外患交迭相乘，史料损失，不可胜计。对历史真相的了解，需要参证当事人口述之处甚多，这些笔录，对中国现代史的研究将有莫大的帮助。本所于一九八二年开始征得应访者（或其家属）同意，陆续刊印访问纪录，列为口述历史丛书。一九八四年春在所长吕实强推动下，成立口述历史组，恢复访问工作。

本所访问人员力求应访者尽情畅谈，所成笔录文稿保留口述原意，不予刻意修饰。初稿送应访者校订后视为定稿。惟应访者记忆难免有所疏误，或有涉及价值判断、个人恩怨、政治立场，而纪录或有语意不清，印刷或有手民误植，尚祈读者赐函指正。

中研院近代史研究所口述历史组谨识

一九八六年元月

序

近代军事学术昌盛，对于兵科与军种的区分，日趋精细，其间界画分明，目标各异，学子投身军事学校，分科肄业，各擅所长。其能兼擅各兵科的精奥，跨越各军种的界限，出而致力练军，疆场作战，胥能指挥如意，出奇致胜的，难得一见。然而事实偶或出人意表，例外的事并非绝无，举例而言，劳声寰将军即为其特出的明证。

劳声寰先生幼而岐嶷，长于领导，从小学以至中学，在日常课业及课外活动中，每由师长指为班头，侪辈推为领袖，出类拔萃见长。迨其中学卒业，适值中央军事政治学校第一分校成立于南宁，招收学生，劳公乃投考入校肄业，专习步科，从此接受革命洗礼，濡染军学熏陶，报国的志趣奋发。在校肄业将届期满，而北伐军兴，劳公志切革命，与同学二人共赴前线效力，表现优良。既而北伐功成，国民政府奠都南京，劳公为图深造，复考入南京中央军官学校肄业，改习工科，嗣是乃兼擅陆军步工二科的特长。

中央军官学校卒业后，劳公仍回军中服务，其间调动频繁，备尝艰险，具见于其亲口忆述或亲笔补录，无庸逐细赘词，其中特别值得注意的事，约有数端。其一，劳公训练率领部属，甘苦与共，纪律严明，尤其着重军人精神教育，激励士气，以是见知于最高军事当局，特调其转入空军，管带飞航学员。劳公以出身陆军，未谙航空学术，自不宜于跨越军种，辞不奉命。最高当局以空军关系国家命脉，时当空军建军伊始，须着重锻炼其军人本质，培育其军人思想，使人人具有完善的军人人格，始可期其成为劲旅，增强国防力量，就此责以大义，训令勉为其难。劳公至此才觉悟到所奉的任务重大，乃遵命而行，初任航空学校队官，率领飞行学生；后任空军入伍生队总队长，负责培育空军幼苗，前后历时十一年。当此期间，劳公乘机学习飞航及空军作战学术，于是兼擅陆空两军种的特长。至于所培育的空军人才，可谓遍布全国。时至今日，退伍的空军官员，谈及当年“劳总队长”，无不肃然起敬，足征劳公的由陆军跨入空军，成就非凡。

其二，抗战初期，日本空军恃其零式机性能优越，侵凌我国领空，我国空军所用飞机陈旧，无法对抗，遇有敌机来袭警讯，惟有起飞远避，或就地伪装掩蔽，藉图保全，日机以是得入我国领空横行，甚且降落川西簇桥机场，用机关枪随意扫射，机场地面部队不知所措，未予还击，任由其滑行飞去。我最高军事当局闻报，大为震怒，下令嗣后如再发生类似情事，机场地面指挥官应处以死罪。劳公是时奉调为机场地面部队指挥官，乃基于其前此在航空学校学到的空军对地面作战原则，判断日机来袭的可能行动，随而激励士气，训练地面部队对空射击，部署低空、中空、高空火力射击网，并用废机伪装停驻机场相当位置，作为引诱日机降落扫射的钓饵。不久日机一队十八架再度来袭，发现簇桥机场停有飞机，其中日机一架果然降落低空扫射，立即受到机场地面部队原先布置的低、中、高空三组火网射击，日机俯冲至距离地面约十公尺处即无法拉起，随而起火，于冲过机场后坠毁于场外南边。其余日机发现情况异常，即陆续飞窜出境。在这次战役中，以地面部队击毁敌方性能优良的零式机，在当时国内及国际方面，确曾轰动一时。兵法上说，“知己知彼，百战百胜”，探究是役所以致胜的原因，应为劳公基于兵法指挥得当的结果。

其三，大陆撤退后，劳公率领的空军警卫旅奉命扩编为师，劳公升任师长，率部开赴金门，驻防东部正面。一九四九年十月，共军以各式兵船一百余艘载众进犯金门，趁涨潮势冲上沙滩，登上金门西部地区，该处守军当即进行歼灭战，驻在台湾本岛的空军也出动支援。由于空军飞行人员率多为劳公的学生，飞到金门上空，即不断向劳公呼叫，询问战况，并请示作战任务。劳公即利用空军配属的地对空电台予以指示任务：第一是以漳州以东、泉州湾以南、东山岛以北沿岸为目标，一经发现共方船舰，一律予以炸射毁灭，期使已登陆金门的共军孤立无援，便于守军将其歼灭。第二是轰炸金门对岸大嶝、小嶝的共军炮兵阵地，制压该处发出支援已在金门登陆的共军的炮火。第三是夜间遣派C四七机加满油料并多带照明弹，盘旋于金门岛两端上空分别接续投下照明弹，使海面上企图偷袭或增援的共军船舰无从遁形，以便守军瞄准射击；并使已登陆金门的共军无法整顿重组。支援的空军人员遵照劳公的指示，完全达成任务，卒使对岸的共军无法增援，已登陆金门的共军终被全部歼灭，成为有名的古宁头大捷。检讨此次战役，劳公以陆军将领指挥空军协同作战，获致辉煌的战果，足征劳公跨越陆空两军种的成就，非同凡响。

其四，劳公卸下师长职务后，转而从事增进军人军眷福利工作，初为“国防部”总政治部筹设军眷服务处，屈居副处长，负责实际兼务，旋升任处长，兼任联勤总部军眷管理处处长。其后依次转任“国防部”福利总社总干事、军友总社总干事，到处积极整顿业务，都是业绩甫上轨道，即迫于情势交卸。原因是劳公只顾一心做事，不顾情面，难免于无意间得罪某些巨室，终于受到别有用心者的排挤。单就其任福利总社总干事一事而言，该社原以“藏垢纳污”著名，事且上闻于“副总统”陈公辞修，面嘱劳公注意。劳公于接事后，乃极力加以整顿，其中最重要的是撤消若干不肖包商摊位，杜绝包庇走私的弊窦。其次为提高商人承揽军麦加工收费率，所得化私为公，增进全军福利。此类改革，势必损及若干特权利益，正如俗语所谓“挡人财路”，劳公因而频遭威胁利诱，穷于应付，终于被迫交卸而后已。尝闻昔贤有言，“文官不要钱，武官不惜命，则天下太平矣”。其意原为针对时弊而发，无可厚非，但从其反面而言，似乎是文官可以惜命，武官可以要钱，天下岂不大乱！劳公以将领地位致力增进全军福利，并不要钱，只因挡人财路，迫于情势而交卸，宁不令人太息！幸而劳公的鲠直作风，终于获受时任总政治部主任的蒋故“总统”经国先生明察，曾面嘱行将赴美深造的劳次公子说：“你要学你父亲，不要钱，不怕困难，负责任，能忍辱负重。”寥寥数语，大体可作为劳公一直以报国为职志的定评。

一九七六年秋，笔者与同事陈存恭先生晋访劳公，先后谈话四次，大体由陈兄提出问题，劳公忆述作答。访谈内容旋经陈兄整理纪录，送请劳公过目，劳公自觉所述难免简略，复亲行撰写补充纪录一份，其中与忆述内容间或详略各异，自可互为参照。近日所中为供各方参考，决定将劳公口述及补充纪录合并印行，自应将其由来叙明。是书付印前后，所有稿件整理、版样校对、及编制索引工作，都由万丽鹃小姐负责进行，官曼莉小姐并协同进行版样复校工作，并应纪其劳动，并志谢忱。

黄嘉谟谨序于一九八八年七月一日

目　录

弁　言 / 1

序 / 3

一、籍贯及出身 / 3

二、参加北伐战役 / 4

三、从陆军官校第六期到升任教导总队营长 / 6

四、航空学校队官 / 8

五、奉调税警团及双十二驰赴潼关 / 12

六、抗战军兴青岛却敌 / 14

七、淞沪血战 / 20

八、空军联参工作 / 27

九、兰州基地防卫战 / 31

十、川西对空作战 / 36

十一、主持空军入伍生总队 / 41

十二、从空军到陆军转任师长 / 49

十三、金门防卫战 / 53

十四、舟山往还 / 60

十五、不白之冤 / 62

十六、继续服务 / 67

附录一：劳声寰先生书面补充纪录 / 78

（一）都安县青年投考南宁中央军事政治学校第一分校经过详情 / 78

（二）受训将届毕业，遭受冤屈，投效国民革命军东路前敌总指挥部 / 79

（三）渡江北伐 / 80

（四）上海警备司令部补充团 / 83

（五）投考入陆军军官学校 / 88

（六）回广西工作经过 / 90

（七）民十八冬回故乡南海小唐 / 93

（八）教导四团及教导二师 / 94

（九）入空军服务经过 / 110

（十）任税警总团步兵第五团首席中校团附兼总团军士营营长 / 123

（十一）守备胶东 / 131

（十二）参加淞沪大会战诸役 / 136

（十三）奉召回空军工作 / 143

（十四）视察西北 / 148

（十五）调赴驱逐总队工作 / 152
（十六）奉命任空军特务第三团团长兼川西对空作战指挥官 / 160
（十七）调任空军入伍生总队长 / 167
（十八）入伍生总队迁台及兼任警卫旅长 / 171
（十九）警卫二旅的训练 / 172
（二十）奉调厦门 / 172
（二一）扩编为四十五师 / 175
（二二）金门序战前状况 / 177
（二三）金门本岛之战 / 180
（二四）金门防卫部之更替 / 183
（附）金门保卫战之检讨 / 184
（二五）空军警卫二旅、陆军四十五师司令部人员之组成 / 185

附录二：空军节五十周年纪念献辞 / 187

附录三：劳声寰先生参考资料 / 190

劳声寰先生

全家福（一九五三年摄于南投寓所）

全家福（八十寿辰摄于洛杉机尚有六人未参加）

时　　间：一九七六年八月十一日、十三日、十八日、
　　　　　二十日各一次

地　　点：台北县永和镇中信茶楼

访 问 者：黄嘉谟（中研院近代史研究所专任研究员）
　　　　　陈存恭（中研院近代史研究所专任研究员兼口
　　　　　　　　述历史组召集人）

纪录整理：陈存恭

一、籍贯及出身

我家原籍广东南海县小唐乡小唐村大井里，寄寓广西省都安县。我于民前七年十月初一（光绪三十一年，西元一九〇五年十月二十八日）诞生于都安。乳名锦铃，祖父如珍公，祖母雷氏，父乃勋公，母熊氏。余母知书明礼，擅女红，笃信佛教，号桂贞居士。余幼孤，家母食素守节，有男子气概，抚养一女一子成人，长女为余姊爱卿。我幼年启蒙于县立小学，校长黄景新先生（即黄嘉谟先生之尊翁），继升县立中学，校长陈应行先生。就学期中深以国家衰弱为念，有从军报国之志。

民国十三年我中学毕业，适逢李、黄、白诸公统一广西而归附于广东革命政府之时，广西气象一新，遂决意投军从戎。此时有年叔林樊甫任广西陆军第七旅第十四团第三营营长，蒙他录用为第九连排长，连长为同域王定华。甫入军营即随第七旅参加征南路诸役。其时邓本殷、林俊廷等盘踞广东南路，革命政府发兵征讨，广西部队奉命夹击，顺利达成任务。此时第七旅旅长是胡宗铎，第十四团团长是杨腾辉。

我以中学毕业生从戎，即任排长，但深感军事学识之深切重要，有意往广东投考黄埔军校，此时第四期招生，但同时中央政治军事学校（亦即黄埔军校）第一分校亦在南宁招生，朋友辈劝我不必舍近求远，遂转而投考第一分校第一期步兵科。十四年冬开学，校长是俞作柏，十六年春毕业。

二、参加北伐战役

十六年春，北伐主力军已攻下武汉、南昌，东路军自粤入闽，但受阻于浙南，白崇禧将军奉命为东路军前敌总指挥，自江西出浙江西北。我甫毕业于军校，奉派为东路军前敌总指挥部卫士大队的排长，负责护卫白将军。

东路军前敌总指挥部率师东向，势如破竹，直下杭州，四月攻抵上海。十六年夏渡江北伐，围攻临沂。不幸此时宁汉分裂，汉方打到河南的唐生智、张发奎忽然回师武汉，有沿江东下袭取京沪的企图。因此北伐军亦不得不班师应付。不久，蒋总司令下野，政治上组织特别委员会负责，军事上由李宗仁、何应钦、白崇禧三位总指挥负责。淞沪警备司令由白崇禧兼任。警备主力是十三军，军长亦为白兼任。为了加强警备力量，调来一批两广和浙江的新兵，我奉命接收，调到龙华训练，编为淞沪警备司令部隶属的补充团，我升任连长。不久与卫士大队合编成十三军教导团。

当我在龙华训练新兵之时，孙传芳挥军渡江，猛攻龙潭。其时李宗仁在南京，指挥第七军向东攻，何应钦指挥第一军向北攻，而白崇禧指挥第一军之一部及十三军等向西夹攻。我亦奉命率部驰往前线，其时我军已稳住阵地，我奉白健生命令，将命令送到大花山，寻找第一师邓振铨师长，经下蜀车站时正当黄昏，五十八团团长桂永清正在整集队伍训话，即上前请示敌情。及登上大花山路径，见我军与敌军激战多日的阵地，敌我双方犬牙交错。我骑马通过敌阵，乘夜黑摸过大花山，拂晓时抵达第一师师部，完成任务。邓师长当将敌我现势就地指示回报白总指挥，请尽速由东向西进击，将敌人聚歼于长江以南大花以北地区。回报后，我率所部随团沿铁路向西进攻，强攻水泥厂，水泥厂为坚固之厂房，成为敌军坚强据点，其西不及一百公尺有一条小河沟，宽约二、三十公尺，水深没顶，敌机关枪火力封锁铁路桥，我连几次冲上受阻，上校团附陆汝畴（黄埔一期毕业）即命我率兵一排在铁路桥南边徒涉小河进攻，陆团附身先跃下河沟，因水深即命我仍由铁路桥正面强攻，集中火力掩护，经再三猛冲，伤亡十余人，始能全连通过，包围水泥厂，掩护全团展开攻击，经两小时之苦战，乃克复水泥厂，敌无险可据，终致全体投降。我部攻抵水泥厂西侧，发现卫师长立煌平躺在战壕里观看地图，看到我就问："你是那一个部队的？"我答称："第十三军教导团。"他说："是来抢功的吗？"很不客气的。我说："奉白总指挥命令夹攻敌人。"

此役全胜，孙传芳失却再战的能力。我部随总指挥部进驻南京，我方发现第十军有不稳现象，我部奉命向芜湖进发，进抵采石矶予以缴械。

战后，特委会在南京开会，我仍奉命警卫。

三、从陆军官校第六期到升任教导总队营长

特委会结束前后，陆军军官学校第六期在南京招插班生，我应考入学。黄埔军校前三期在民国十三年招生，六个月的教育即毕业了。十四年再招第四、五期学生，但未录取的很多，一概编为学生军，到了民国十六年将学生军列为第六期，又另招了第七期。此年冬张黄广州事变，在校的第六、七期学生多半逃离广州，以避“共匪”的加害。此时蒋总司令下野，但关怀学生，命浙江省军事厅收容逃出的学生，因此有四、五百名学生到浙江，分为第六、七期两个大队，由宣铁吾、贺衷寒分任大队长。十六年冬，徐培根等校务委员在南京筹备复校，这些学生便开赴南京，可是学生人数太少，十二月遂招收插班生。又此次招生系有意打破各省军官学校的界限，将原各省军校学生送南京甄试，所以湘、鄂、江、浙各招有一大队学生，我应试入学，因我是现职连长，依照规定带薪就学。

第六期在南京上课共一年半，在十八年六月毕业。我过去在广西部队服务，毕业的中央政治军事学校第一分校也在广西，但进了军校第六期以后，就一直在中央服务。由于我选读工兵科，先奉调交通兵团当排长，旋调军校教导团当连长。十九年

中原大战，教导团扩编的教导师亦参战，我们调到河南打冯玉祥的叛军，获得胜利。

十九年中原大战冯阎失败，国家的统一已具规模，不幸次年九一八事变，日本占领东北，东北军不战而退。日本又在二十一年发动一二八事变，突袭上海，驻军十九路军奋起抗战，中央军第五军等亦全力支援，战况激烈，教导总队调淞沪，为第五军的后备部队，因未在正面作战，损失不重。

民国二十一年夏，我奉调军校教育总队受训。此时徐培根与桂永清负责教育总队的教育，徐毕业于德国的陆军大学，桂毕业于德国的步兵学校，而从十八年冬以后，政府雇用了德国军事顾问，购置了德国装备，我们在教育总队所学的是德国式的新的战术，受训半年结业，这也是军校高等教育班的前身。

二十一年冬，我调升教导总队营长，教导总队总队长是桂永清，我营驻屯在安庆。

四、航空学校队官

民国二十二年八月初，我奉委员长蒋公电召到江西南昌美以美会行营晋见，此时他亲自在南昌行营指挥"剿匪"军事。委座先询问我的家庭背景以后，说要调我到笕桥航空学校去充任队官。

欧战期中，世人体认了飞机在现代战争中的重要性，各国均注重航空建设。我国各地创设航空机构、航空学校颇多，其中较有成绩的是广东、云南和东北。　国父孙中山先生组大元帅府于广州，即创设航空局及办航空学校，最初的领导者多为返国华侨。在美洲的爱国华侨有志之士为应　国父"航空救国"号召，自费习航空，学成之后，募款购机返国，参加国父的革命阵营。其中最著名的是杨仙逸烈士，他在陈炯明叛变后担任大元帅府的航空局局长，对广东航空学校的创办贡献殊多。不幸杨烈士在实验水雷施放时失事遇难。不过后继者有张廷孟、张惠长、刘炯光等，是以北伐时期航空队颇为活跃。那时飞机构造简陋，飞机师冒险犯难参加作战，但以侦察敌情为主要任务，偶而也投弹或以机关枪低飞扫射，作用不大。

北伐完成以后，一切建军工作次第进行，大空军的创建也始于民国十八年。此年春，蒋委员长从陆军官校第六期甄选了一〇八名有志于航空而体格合格的学生，编为“航空班”，附属于陆军官校，着手训练飞航人员。我当时也参加甄选，可惜因腿部静脉扩张，不适于飞行，没有录取，自以为与空军无缘。未料及如今蒋委员长要调我到航校去担任队官。此时笕桥航空学校已正式成立，委员长自兼校长，毛邦初以副校长名义负实际责任。他们准备调用若干黄埔毕业生为队官。委员长为建设大空军，苦思熟虑，在职位上尽量压低等级，在待遇上却比陆海军都高出许多，此因空军素质必然地要比陆海军为高，而冒险性更大之故，所以向往空军的很多。但我考虑到我未学飞行，到空军去在资格上是很大的限制，何况我已升任教导总队营长，在陆军中较有前途，因此我直接的反应是不想去空军。

我对委员长说：“我没学飞行，不想去空军，愿意带兵。”委员长很不高兴，说：“带兵！我有机会让你带。”又问问我的家庭情形。我说：“我家中仅有寡母和一妻一女，小康之家，经济没有困难，我愿意带兵打仗。”他笑了，随即很慎重地告诉我：“没有空军，国家不能存在，现在我们进行空军建军。空军等于国家的生命，也是我的生命。今天，我把我的生命交给你，你左推右推，不肯答应。带兵，你怕校长没有兵给你带？”我说：“既然如此重要，我去好了，不过我一个小小的少校，如何负责？”他说：“现在航校虽然只有一个队，但精神管理训练都很差，没有军人的精神、气概和德行，太差了，建立空军需要你这种人去训练。不要你去教飞行，飞行、机械另有专人负责，你去负责培养他们的军人精神、军人生活和军人的思想。”听了他的话，我深切了解他要调我到空军的用意，很愉快地答应了。其时委员长召见部下，经常出其不意地亲自口试，范围是曾胡治兵语录、王阳明全集、六韬三略和 国父遗教，晋见后照例要接受笔试，范围扩大，又包括战略、战术等专门兵科。当天同时应试的有八个将官，记得作文试题是“论军纪”。

调职命令很快地发了下来，我在八月十六日到笕桥航校去。我本来是少校营长，到职后变为空军中尉区队长，但薪俸由一百三十五元（国难薪八十元）升到一百五十元，副校长毛邦初是上校。此时航校二、三期学生在校，共分两个中队，各约百余人。委员长为防空军产生派系，把原来民国十八年入学的附属于陆军官校的航空班改为航校第一期，而新招航校第一、二期改为第二、三期。民国二十三年元月，第四期入伍，我升为入伍生队队长，到第五期入伍，我充任学生总队总队附兼第五队队长。以上均为飞行正科班，我又带过机械班第二期学生，第二期是招生录取的，四、六期是飞行退下来的。

严格讲起来，中国没有制造飞机的工业，没有机械的保养、修护工厂，通讯、气象等航空必需的设备都很差，实在没有发展空军的条件。然而委员长深切了解空军在未来战争的重要性，不得不在万难中发展空军。我自觉因未学过飞行，到空军去受的限制很大。但当我实际负起队官责任以后，乐趣无穷。我与学生们生活在一起，训练他们的战斗精神、革命精神，要求他们严守军纪，而学生也待我很好。有些学生刚学会飞，兴冲冲跑来说：“今天我自己飞了，你有胆量来和我一起飞吗？”也有的来说：“今天我们飞南昌，队长去不去？”我有空经常陪他们翱翔天空，更有些在半路上请我操作驾驶。因为我看多了，对机械很熟，那时机械简单，操作容易，只要保持心境平和，手势不要生硬，和缓婉转，自然操作自如了。所以我实际上学会驾驶，甚至也学会了起飞与降落，只欠一份驾驶执照而已。虽然我认为学飞并不困难，但免不了发生不少的失事，学生们有的紧张过度，有的气候突变，或遇意想不到的气流，或升降时失了平衡，失事了，要我去收尸，这最令我伤心欲绝。在私，我又失去一个活泼可爱的学生；在公，国家失去可造的栋梁。

委员长为了发展空军，对空军爱护无微不至，待遇优厚不必说，失事抚恤金订得很高，此因飞行冒险大的缘故。当时青年争着投考空军，但国人体魄合格比例甚低，即考中而中途发现不适飞行的也不少。这又因训练标准与主持训练者的观点而异。最初笕桥航校请欧洲德、意、法等国教练的时候，淘汰不多，后来请美国教练则坚持淘汰百分之五十。欧洲教练的理论是人都有飞行的天赋，不必淘汰太多；而美国教练的理论是非挑最适宜于飞行的不可，因为不合标准的学生，勉强给毕业了，将来给他们任务不能圆满达成，不能应付突发事件，在军事上造成不可弥补的损失。美国是有人有钱的国家，他们有人可以挑选，有钱可以牺牲。训练一个飞行员花的钱真太多了，淘汰多了，对国家损失很大，理论上我们这个穷国家应该学欧洲的，但在纯军事立场上，又觉得美国才是对的。

五、奉调税警团及双十二驰赴潼关

民国二十五年三月，委员长忽然调我到税警总团去充任第五团中校团附。税警团是宋子文创办的，他有政治野心，团内没有特别党部，没有政治部，总团长是温应星，华侨、美国西点军校出身。总团下分四个步兵团，另十几个独立营，各省缉私队在外。由于宋子文有筹款的能力和方便，装备极佳，有坦克、飞机以及轻重武器，一切自成系统，这是宋子文有意培养的政治本钱。但就整个国家军事上的统一立场来看，是莫大的讽刺，迟早必须重新整顿，纳入国家军事体系之内。这件事宋子文与委员长之间一定弄得很不愉快的。无论如何，民国二十五年三月调我们去税警团即是整顿该团之始，派去的是少将、上校、中校、少校各二名。温应星欢迎我们去。我们依照陆军现行编制加以重编为六个步兵团，炮、工、辎等团（另有十个独立营和缉私队不统属于团），随后，中央派黄杰去接替温应星为总团长。

我们到税警团后，先办干部教育，成立教导总队，分军官队、军佐队、军士营集中训练，注重思想和战术的教育，我任第五团中校团附，兼军士营营长，从下士到上士，都由我负责训练。

确实地达到统一编制的目的。不久黄杰到任，在军令指挥上与国军部队已确实统一了，只是仍保留税警团的名义。

当我完成军士营兼职训练任务后，仍回第五团团附原职，第五团团长丘之纪，广东人，黄埔第三期毕业。适逢西安事变，我部原驻陇海东段新安镇，奉命搭陇海路火车急驰潼关。此时到达潼关的中央部队有教导总队、三十六师、五十师等，与东北军在潼关以西的临潼对峙，双方剑拔弩张，十分紧张。幸而张学良悬崖勒马，送回统帅，一场惨酷的内战才避免了。

六、抗战军兴青岛却敌

民国二十六年二月，税警第五团奉调青岛。

青岛于清末被德国强租。民初欧战初起时即被日本强占。巴黎和会屈从日本要求，转由日本继承在山东权利，引起国人的愤慨。到了华盛顿会议才决定由中日会外交涉山东问题，决定青岛于民国十四年交还中国。但日本仍然有海军陆战队留驻，而我国国防军始终未开进青岛。在民国二十六年春，中日关系已濒决裂之秋，中央部队更不能开赴。青岛背后虽然有韩复榘的两个军，但韩的态度不明，不是中央所能确切掌握。胶州总指挥兼青岛市长沈鸿烈率领少数的海军舰队、陆战队及警察保安队就显得很脆弱。因此中央就想到派税警五团到青岛去加强防务。

如前所述，税警团经过统一编制，已是精良的国防军，但它仍保留原有的名称，胶东有盐场，名义上属于财政部，税警团便有理由开进胶东去保护这盐场的税源，不过命令上也只开赴胶州湾阴岛北部的铁家庄（南自王哥庄北至女姑口），距离青岛市区还有七十华里之遥。这是我们弱国自卫不得已的变通之道，尽量避免刺激强敌，引起猜疑也。

日本对我们情报做得很好，对我方行动了如指掌，在我部行动之前已展开阻扰行为。首先他们在青岛朝日新闻登出造谣消息，谓国防军伪装的税警团马上就要由潼关挺进，侵入韩复榘的地盘。这是挑拨韩复榘与中央的关系，利用中国残存的军阀时期地盘观念，希望诱使韩出面干扰。幸而中央在调动我军之前，已先知照韩复榘，而团长丘之纪还先去济南拜晤过韩，韩不至于甘冒不韪中敌奸计。

很快地，日人露出第二招，说我军是游杂部队，军纪很坏，意图挑拨我军民之间的感情。但我们部队已进至目的地。紧接着发表消息谓此团长团附等重要干部均是抗日激烈分子，曾参加民国二十一年的一二八上海淞沪战事，在庙行、罗店一带抗拒皇军，要日侨注意，促使政府对中国抗议。这是很明显的要制造日侨的舆论，作为对中国政府正式抗议的借口。当然这些伎俩都在既定国策之下失去效用。

我部乘陇海路车先抵海州，沿着海岸向胶州湾行进，进抵铁家庄本部，沿着胶州湾北部海岸布防。我部此后即直属胶东总指挥统辖，沈鸿烈总指挥兼青岛市市长及第三舰队司令，负责胶东地区安全，所辖除第三舰队外仅有海军陆战队一大队，警察一大队及保安队，现在我们税警第五团四千两百余众加入胶东防务，虽然离市区七十华里，终究缓急可恃。至于吾人所面对之敌，经常有四至十艘驱逐艇停泊，三至十架飞机停置，另有海军陆战队一大队。除此之外，我方可资利用的尚有海军军官学校及各级学校学生，但敌人则有一万五千武装民团以及胶济路上二万五千至三万五千日本居留民。他们经营青岛数十年了，每家日本工厂和大公司都有武装设备而等于是堡垒，这些民团约等于两个师的实力。而且青岛市区有一特点，即没有租界，平常华洋杂处，日人和国人混杂，万一发生事故，就是一场惨烈的混战，如果我们没有充分的战斗意志和牺牲精神，很难在青岛占上风。

日本不能阻挡我军的到防，遂改变策略希望笼络软化我们，至少分化我们。这是他们对华北军、政各方面一贯的诡计，而我方负责人等亦不能不虚与委蛇。双方迟早是要打的，但在未打之前甚至可以杯酒言欢。沈鸿烈本人也是如此，他与日本驻青岛总领事大鹰和日本舰队司令长谷川等往还酬酢。但如日人以为沈鸿烈易与就错了，他是标准的沉毅不屈的中国好男儿。他第一次召见丘团长和我就率直告诉我们，以后有什么事直接和他联络，不可对他的左右讲话，以免发生问题。他知道他的左右，像保安处，就有一些狗腿子，日本人对他的部属下过一番功夫的。我部一进胶东，日方就假借各种口实来邀宴拉拢，我们请示过沈鸿烈，他限定团长及团附可以赴宴，而其他部属一概婉拒。有几次宴会，我们见过大鹰和长谷川。他们希望以酒色财气软化我们的战志，同时利用交际可以对我们展开侦察工作。我们有一个医官，被引诱到日本窑子去，在里面乱讲话，日本侦探立即报了上去，最妙的是沈鸿烈也派有人混到他们机关去，医官讲什么给报回来，沈立即打电话通知我们，我们遂加强警觉，严禁部属到日人开设的窑子、舞厅、饭店，严禁随便泄露军机。从进驻胶东到七七事变，这短短几个月，我们过着一种奇特的军人生活。

七七事变双方要大打的情况是明朗化了，但在珍珠港事变前，中日双方一直是不宣而战的。青岛成为极难处理的问题，因为双方都没有遣军进入青岛直接引起战端，双方都想不战而获。日本人多年经营，其在青岛的资产价值已约三十亿日币，要求我军撤退，以便保有这笔财富，否则将因战火而化为乌有，所以不敢选择青岛为战场。可是我方亦虑一旦在青岛作战，双方混战，我方力量有限，因此亦要求日本撤退。

在讨价还价之前我们做了一些准备工作，此时沈鸿烈任胶东总指挥，丘之纪为胶东前敌总指挥，我以团附兼任前敌副总指挥兼参谋长。首先我建议立即征用七十辆大卡车，增加我团机动性，这使得我团可以随时开进市区。其次，我们将青岛学生组织起来，实施军训，使其担任宣传、慰劳、救护、爆破乃至于战斗的工作，当然其中最重要的是爆破，我们必须一举摧毁日本的工厂及军事设备。此外，我们动员若干学生和我团士兵在青岛市最高的制高点做工事。为避免日本乃至于其他国家的抗议与阻扰，我们只能化装为平民，利用夜间上山去做，并派便衣队秘密布防。这些工作很快地引起日本和他国侨民侦知了，他国侨民也怕青岛沦为战场，损及他们的生命财产，日本及英国总领事便对青岛当局提出抗议。可是我们已造成既成的事实，形势对我们有利。

日本人满以为可以软化我们，至少可以逼我们撤退，没想到我们工作意外的顺利，我团机动化了，学生群众有了组织，而且控制了制高点。随着八一三上海战事的爆发，我军有意进行对敌的神经战。我团武装巡逻车故意开入市区巡逻，在马路上亮出大刀。这方面日本过去的宣传帮了我们的忙，他们说我们是激烈的反日派，我们顺水推舟宣传我们的确是的，战端一起，我们是见一个日本人杀一个，见一双日本人杀一双，不论男女老幼，不杀光是不罢休的。事实上我们得到的命令始终是“确保胶东，不得求战”。我们在上海开辟战争，吸引日本主力去淞沪。但我们摆出生吞日本的姿态实在是吓唬青岛日侨，使他们要求日本政府不要在青岛开辟战场，以符合整个国家的战略。

日本人果然着慌了，他们派代表和沈鸿烈谈判，要求我军全部撤退，沈鸿烈板起脸孔说话了：“他们是中华民国的军人，他们不能来青岛，你们可以来？”倒过来要求所有日本军民撤退，他说：“你们不走，现在华北、淞沪都打起来了，青岛难免也会发生事端，打起来以后，你们生命财产我不能负责保护。如果你们军队和侨民都撤退了，你们将工厂公司一切财物都贴上封条，我负责保护。”日本人也不是好讲话的，但沈鸿烈对日本的威迫利诱一概不理，坚持原则，最后日本人屈服了，他们在八月三十日下旗归国。

日人发船归国时我在山岭上观看，有些日商眼看一辈子挣得的财富有丧失的可能，嚎啕大哭。但登船前他们军民列队升旗，再下旗，所有日人跪下示敬，秩序井然，毫无怨言或激愤的表示，此幕使我不寒而栗。我们面临的是这种纪律化的敌人，我不相信我们的国民可以做到。

日人撤去后，我团亦奉命急调淞沪参加保卫战，接替我们的是东北军（王以哲军旧部）。沈鸿烈在青岛一直守到年底，日军已占南京。他先将所有可能搬走的军工设备和物资搬到鲁东山上，而不能搬走的工厂设备、军事基地等埋好炸药，临撤退前命令一下，全部爆破，率队全师退出，在鲁东建游击基地，坚强抵抗。他在青岛不战而屈人之兵，上上之策，坚持抗战，大忠大勇。另外像统有两个军的韩复榘，信心动摇，不战而退，弄得身败名裂，政府对他明正典刑，发表沈鸿烈为山东省主席。沈后来奉调中央供职，但其所建游击基地一直支持到抗战胜利，而沈在大陆沦陷前也退到台湾，安享余年。人的贤愚相差如此之悬殊。

沈鸿烈到台湾住在台中市，曾到南投来看我，因他对税五团的官兵特别关怀，尝说："在胶东守备时，获得不战而屈人之兵的辉煌胜利，乃丘团长及劳先生领导有方，部队纪律严明，士气旺盛，战力坚强，布防周密，使我每夜皆能安枕。自我税五团调沪以后，由东北军接防，兵力强大数倍，竟使我终夜不得安睡，更令我感念难忘了。"

七、淞沪血战

日人撤离青岛以后，我团亦奉命急开淞沪。此时我们已不敢乘船，只是急行军到海州，搭陇海路火车到徐州，转津浦路南下，八天之内赶到。自八一三到现在，打了将近一个月了。我团在南翔下火车，立即接到税警总团团长黄杰的命令，我团归第八师师长陶峙岳指挥。待全团下了火车，就遇三十六架敌机来袭，部队就近处分散掩蔽，我个人则冒险到丁家桥第八师师部去报到。

陶峙岳师长说："来得好，我们已打了十天了，伤亡惨重，敌人窜入蕴藻滨南岸，八个村庄已陷，我们部队正在继续抵抗中，你们去恢复阵地。"这是我团所接到的第一个简单命令。我回团后即挥军前进，这是我团第一次和敌人作殊死战，士气好，斗志高，不过伤亡了三分之一，一千多人，才把八个村庄恢复。事实上陶师长不讲实话，八个村庄是已全丢了，没有部队继续抵抗，我们是硬攻克服的，伤亡也够惨重了。达成任务后，我又到师部去报告，陶峙岳当着我的面向朱绍良打电话报告："报告长官，早上以来，发现火线上有小的空隙，少数敌人钻进来，税警五团来了，把少数敌人驱逐了，南岸已无敌踪。"

就这样轻描淡写地减轻第八师失陷阵地的责任，但亦掩盖了我团的战功。当时即认为此公不是一个好的指挥官（案后来陶“叛国投匪”）。

此后我团就防守蕴藻滨南岸，足足打了三个星期。为了守住南岸阵地，必须掌握对岸的一个突出据点——石驳岸，双方均尽力争夺此一据点，遂成为敌我火网交会的最危险地区，我们未来之前，我方友军五次各以一连人冲锋过去，每连人过去支持三、五天就打完了。我们逐出南岸敌人以后，马上就要争夺此一据点。我团派机关枪一排步兵一排带两挺重机枪、三挺轻机枪，由一个连长带，过了河冲过去，我们在后面火力支援，攻克了。由于有机枪的缘故，他们支持了十天，没有一个活着回来。我们再派一排上去，被派的没有一个讲话的，提了武器就冲过去。他们在前面守，白天都不能和后方交通，我们只能利用晚上送饭过去。所谓饭，是于黄昏后煮的送到前线已冰冻了，也只能在黄昏及天亮前各吃一次充饥而已。由于要争夺此据点及南岸正面，我们牺牲惨重，全团只剩下二千二、三百人了，不过我们在南岸正面也打死了约一百四、五十名想冲过来的敌人。

我们支持了三个星期，胡宗南的部队开上来接防，我团退到大场北边马桥宅归三十六师宋希濂指挥。不久，奉命掩护两广部队反攻蕴藻滨。由于我团有平射炮、高射机关枪，坦克来了用平射炮对付，飞机来了用高射机关枪对付，所以敌人坦克飞机都似乎避开我们正面，最初二十天，伤亡不到二十人，是一个大奇迹。不过后来敌人密集舰炮及野战炮，猛烈轰击我方阵地，我团约有二、三百人被击毙于工事里面。

两广部队的装备不行，反攻顿挫。而胡宗南部正面吃紧，向黄杰要求调用我团的平射炮和高射机关枪。黄杰与胡宗南交深，为了前线急需没有拒绝。不幸的是我们交出这两种利器以后，敌人突然地向我团正面进攻，坦克、飞机一起来，我们没有力量对抗，两天之内，伤亡一千多人，打不下去了。上面命令我们退到苏州河南岸整补。

自九月上旬起，税警总团陆续参加淞沪之战，皆以团为单位，分别配属国军各师指挥，填补各师正面，置两个支队司令及总团部悬着，至各团为各师作战伤亡过半以后，始自苏州河南岸防卫战起，方以总团统一指挥作战，而两个支队司令何绍周、王公亮也同时更换了，第一支队赵公武、第二支队孙立人兼，派系人事问题竟于战场上闹开了，殊深慨叹！

我团最后的一千两百官兵退到苏州河南岸，上面调八百名各省的缉私队队员来增补。这种队伍比警察都不如的，不能打仗的。名额足足八百，但沿途逃亡，带到的不到三百。最荒唐的是带来的那个连长交出队伍以后回头就跑，这是临阵脱逃，死罪。为了维持军纪，我立即开枪格杀。这才把带到的部分稳住。整顿了一整天，次日就接到命令归税警第四团团长孙立人兼第二支队司令指挥，原来的第二支队司令王公亮已调开了。我团随即在苏州河南岸占领阵地，收容前线退下来的第三十六师和第八十八师。第三十六师是宋希濂师，第八十八师是孙元良师。

这两师血战两三个月，奉命后撤，我们收容时才知道十八师朱耀华师长已自杀成仁，而孙元良的一部由团附谢晋元率领死守苏州河北岸的四行仓库，即闻名于世的八百壮士。

我团奉命防守的阵线是苏州河南岸的极斯斐而路，正面正中是周家桥镇，正面右边是丰田纱厂，左边是北新泾。背靠水泥厂及周家桥镇市街。首先我们必须扫清射界，须放火烧周家桥店面，否则敌人放烧夷弹及炮击，我们背后成为火海，岂不自陷死路。不料商户百姓不肯退出店铺，还企图保有财物。我们不得不先驱逐他们，再放火烧房。其次我们得做好工事。但此路是柏油路，又没有爆破工具，只好拿沙包、米包、洋纱堆砌，盖上钢板，做成阵地。靠着这阵地，我们死守一个星期。对岸的啤酒厂系钢筋水泥建造，楼房三层极坚固，破坏扫清困难，敌据此瞰制我阵地，并作掩护挖对壕推进浮桥入河中强渡，敌人一个大队集中强渡，在优势火力与飞机掩护下分数波猛冲第三营阵地，终被突破，惨遭严重损失，朱恺仁、罗敬持两个营长重伤，李高仑营长阵亡，不幸的是丘之纪团长亦壮烈殉国于第三营阵地刘家宅。

原先，除了有特殊任务须各自去做以外，我和团长是形影不离的。但因战况过于激烈，我俩经常在前线督战，上级打电话到我团指挥所常找不到我们。因此黄杰总团长指令团长与团附分开，一在指挥所一在前线，轮番负责，既便于指挥督战，又便于与上级联络。就在此令下达的次日晚上，丘团长到前线去督战巡视，到了第三营正面即被敌人机关枪扫射，他和两个卫士一起阵亡，而第三营可能比丘团长还早就没有了。我在指挥所发觉团长没照预定时间回来，呼叫第三营没有回音，电讯已断，等了很久，似乎是凶多吉少。早上四点多，我便派一个排长去查线，他到了第三营阵地，发现尸体横籍，摸到其中有一穿皮夹克和皮鞋的，用手电筒一照，就是团长。他连忙回来报告。我忍着热泪向总团长报告耗音。他也深受刺激，竟对我说："他死了，为什么你不一起死？"我说："先一天你规定团长和团附一在指挥所一在前线，所以我没跟他在一起。"他说："要抢下他的尸体，抢不下枪毙！"这时天快亮，本来不适于在前线活动，但是军令如山，不得不遵。我带了一排人冲上去，敌人的枪炮火力已加强了，飞机也活动了，只要我们行动，目标显著，火力便集中攻击我们。我们分三次冲锋，不到三百公尺，一排人都打光了，我附近飞来一颗炮弹，击中烂泥巴，把我弹起三、四尺，我以为这下完了，没想到没受一点伤。我回指挥所再带第三排，再冲上去，又打光了。下半我带通讯兵、迫击炮连及弹药兵，共二十几个，又打光了。我只得上孙立人的阵地去借兵。先遇到他们第一营营长李邦钦，他还有四、五百人，不肯借我。我找到第三营营长张再平，他说他不敢做主，就在他营部打电话给孙立人，孙指示不借。我可真走投无路，就在第三营营部打电话给黄杰，黄不在，参谋长周学海接电话，我向他报告："今天我奉命抢团长尸体，在我手上已牺牲一百多人了，我不是怕死，我来第四团借兵，准备再去，可是借不到。现在准备一个人上去，从现在劳声寰这个名字不再提了。"说完放下电话，一个人就往前线冲上去。大概离营指挥所五十公尺左右，张营长所派的兵追上来把我拉住，他说奉周参谋长命令拉我回去接电话。周参谋长说：“声寰，我已报告总团长了，干部伤亡太多了，不能再牺牲了，总团长的话是气话，你这种干部不能牺牲。你马上收容部队，孙立人还有七、八百人，你把正面交给他，今夜你们跟三十六师反攻上去，把团长尸体给抢回来，过去的不谈了。”我奉命把正面交给孙立人，而三十六师又奉命接孙的原来防地。我即刻收容余部，可怜得很，当时只剩二十几个人。当夜我跟总团部炮兵营长贾幼慧联络，要求炮兵射击掩护，炮声一响，我们二十几个人随第四团冲入刘家宅内，把丘团长尸首抢回来。后来运到南京军人公墓安葬。

任务完成之后，我再收集余部，共有一百五十名，但因团的番号尚未撤消，我升充代理团长。我团在指挥系统上原属孙立人指挥，我特地去孙的指挥所报告一切。他要我率所部做他的预备队，在虹桥路集中。当我离开孙指挥所不到一百公尺时，不幸敌炮击中指挥所门口，孙负重伤，抬赴上海体仁医院疗治，此后他未再亲临淞沪战阵。我团后来归五十师指挥，守荻港。

淞沪战事终因敌人在金山卫登陆，有切断我大军后路之虞，而不得不撤退。我团当然无法整补恢复战斗的力量。我们沿着京沪路撤退，一面还对付追兵的袭击，一面要防备来自天空敌机的炸射，我们有十几条舢板，尚有余力协助从上海逃出来的难民退到南京。我们又退到蚌埠。我团因人数太少，在编整时编入唐守治团，我奉命到汉口担任战干第一团的队官。

战干团专收容逃难青年，训练为抗战的干部。团长是委座兼，副团长为陈诚，教育长桂永清。但因周至柔和蒋坚忍知道我回到武汉了，便要调我回空军去工作，桂永清最初回绝了，蒋坚忍特地专函向桂要求，婉称借调半年，桂不便坚拒，我才回到离开了两年有余的空军。

八、空军联参工作

蒋坚忍此时任空军政训处总处长。二十七年元月，他调我回空军即派我在联合作战组内当参谋主任兼视察，负责联合情报。联合情报的任务一在提供情报以鼓励士气；二在维护全国军事上的安全，从事反情报工作。统帅部的第二厅管全国情报，我代表空军与第二厅作情报的协调。根据所能搜集到的情报，来推断未来军事的发展，作为空军各部队的时事指导。我就任以后，每周对蒋坚忍等作情报报告，提出讨论，作成结论。会报后再作成书面报告，分发给各部队。由于空军可利用飞机侦察，情报益发被重视。在武汉保卫战阶段，我们曾提供黄河“决堤”的建议，获得采纳。

武汉保卫战支持到二十七年九月，准备撤退。联参组织迁湖南。而十月间，我奉命视察陕、甘、宁、青、新五省的空军场站部队业务，与促进中苏空军之合作。

日本人封锁了我国海岸，于是有赖于自苏俄经由我西北各省输入作战的武器与物资。西北各省是我国较为落后地区，特别是新疆，苏俄多年来即有意渗透，问题很多。苏俄为了减轻日本对西伯利亚的压力，不得不在抗战初起时支持我们，其另有阴谋，我们是很清楚的。我们为了抗战也不得不多方求助。中央派出不少人员到西北考察，即在防止将来可能发生的弊端。空军方面的考察团由空军老前辈甄中和领队，负责全空军的视察，我负责的是政治部有关情报业务的视察，另有励志社的张玉荪视察招待所，张楚材视察俄语翻译人员通译业务，医务所主任裘景仲视察医疗业务。经过实地的视察，我们发现并解决了不少问题。

我们最大的震撼是发现苏俄军事组织出乎意外的严密，军纪严明。根据我国与苏俄的协议，每个交换物资的地区均建置两个机构，一由我空军管辖，一由苏军管辖。我观察他们无论组织或技术，无论空勤或地勤，都比我们健全。他们的飞机一来，停在他们的地区，一百公尺以内，严禁我方人员接近。他们的飞航人员，如未奉命令，即使口渴饥饿，亦不擅自离开飞机，可说全神贯注，直到他们的地勤去接替，补给或传达移交命令，他们才肯离开飞机，这种绝对服从命令和负责维护飞机及机上物资的态度，是经严格训练才可达到的。他们的训练并不因执行任务而中辍，他们利用空闲时间上课，我不懂俄文，不懂教学内容，但发现数学教学竟是代分数与繁分数的化算，还没有我们初高中的程度。可能苏俄注重农工子弟的培养，但这些人教育水准过低，学会了驾驶及其他勤务，但教育程度仍然低。这些农工子弟的长处是能保密，肯负责，绝对服从。我们代表航空委员会每到一个地方都要宴请他们，每个地方的俄员绝无例外地服从上官，看上官的暗示，看政治员的动作而行动，而政治指导员最具权威，连指挥官也要看他脸色行事。此外，他们处处表现团队精神。饭后举行联欢活动，他们全体齐唱，我们也唱。可是我们没有这种训练，能齐唱的歌曲连国歌在内不过五、六曲，以后只好听他们一个接一个唱了，他们连唱两个钟头，都是很雄壮的军歌，而且很多是四部合唱。有一、二十辆车刚开到，他们的司机听到歌声也来了，站在外面跟着唱起来，有的竟跳起高加索舞来。第一次看到他们这种声势浩大的团队精神的表现，很是不安，立即打电话给以后各站政工人员，规定所有官兵要学歌唱，军歌最好，不然流行歌曲也行，至少要练唱二十曲以上。从第二站起，我们才能在联欢会和他们互别苗头。

看了他们的空勤地勤业务，才发现我们难与比较。譬如站长应该是通才，而我们的站长所懂的只是他所学的一门，飞行、机械、测候各不相干，更谈不上要懂得管理警卫、补给、医务等业务了，因此常顾此失彼，不能照料周到。这当然是我们人才训练尚未达起码的水准，而中央政令还不能在西北各省贯彻的缘故。此时，宁夏是马鸿达，青海是马步芳，新疆是盛世才的天下，中央人员要进入这些地区，要先与他们协调，由他们派人来接，否则进不去，等于是封建的地区。我们全国尚未统一，并不能团结一致，抗战是被迫而战。可知设在这些地区的航空站必然要遭遇到意想不到的困难，雇用人员、补给都有问题，何况这些地区本来就很落后，招待所设备及生活必须的补给都缺乏，医药及医疗设备更无法就地取材。

在人员方面，我们的译员素质太差。过去我们就不注重俄语的训练，基于临时的需要，所招到的译员多半是从前在东北当侍者的，稍懂几句会话，就派用了。他们不能把双方的语言正确地译出，不能积极地替国家搜集情报，甚至在消极方面也不能保密，经常泄露我们的情报，最坏的是他们竟带俄国人去找女人，走私，做坏事。

整个冬天我们都在西北视察，本来由新疆至酒泉以航程稍远应在其间多设一站，因此经过详细侦察决定在嘉峪关辟机场增设一站。民国二十八年二月，视察团回到成都，写视察报告，我们提议增设一站获得采纳。此外我建议立即设“站务训练班”和“译员训练班”。前者训练各航空站的各种人才，以促进航空站的健全；后者训练译员准备淘汰不称职的俄语译员。此两建议也很快地通过实施，后者译员训练班是军事外语学校的前身。

九、兰州基地防卫战

我被借调空军实已超过半年，一个陆军军校出身的军官，当然希望回到陆军去，特别是处于全面抗战的局面，很想率兵在前线与敌人作殊死战。回到成都以后这种念头很强烈。但空军当局不肯放我。当我视察毕回程经过兰州时，驻兰州基地的空军驱逐总队总队长刘炯光就挽留我在兰州帮他的忙，我拒绝了。回到成都写完报告后，空军总指挥毛邦初劝我去兰州，他说刘炯光请求派你去当科长，最后几乎是强迫我去，派我为空军驱逐总队第三科科长，我只好于二十八年二月到差。

我国在战前所买的飞机，美国的最好，但到了二十七年底，即武汉保卫战期中，打光了。剩下的是不能合用的德、意、法等国飞机。不过战争初期接收的俄机尚可用。兰州是我国接收俄机的要站，又是后方飞行训练中心，共有三个机场。全国战斗机三、四、五大队及一独立中队都集中于兰州，由驱逐总队指挥训练，待训练完成后即就地驾机飞赴前线参加作战。在兰州的几乎都是飞航人员，缺少地面行政人员，所以刘炯光要我去，一方面帮他做接收工作，一方面负责地面行政，掌理地面训练及行政支援。

民国二十八年三月，我到兰州基地后不到半个月，发生红枪会匪袭击西古城基地的大事件。兰州空军训练基地在西古城附近。西古城是古代的寨子，有城墙，城内有居民，飞航人员、机械士及行政人员的营舍都在城寨内。机场距城寨不到一公里，机场上停了约一百架飞机，此时集中在西古城基地的飞航人员约有三百余名。别说这些飞机设备是抗战期中最珍贵的，而三百多名飞航人员尤其重要，需要特别保护的。不料只有约百名的警卫连负责护卫重任，这百名警卫原是甘肃省政府的保安团的一个连，装备窳劣，无机关枪、自动武器、手榴弹，只有庞杂的步枪，及数支驳壳枪，力量薄弱。基地距离兰州约一日的行程，第八战区司令部就设在兰州。我们最先发现约有七、八百名会匪在距离基地约五十华里附近活动，我立即打电话向空军第一军区司令部报告，管作战的第一科科长赵国标蛮不在乎的，说："没有事。"可是会匪每天逐渐向我们接近，我又书面报告派飞机呈送第一军区司令部，要求派兵增援，后来又直接以电话再三请援均未允诺。最后，会匪只距离我们五公里左右，我再紧急请援，赵科长说："没有事，你不惹他，他不惹你的。"但我判断会匪是逐渐靠近，目标无疑地是基地。

我看援兵请不来，于出事前三日只好准备自卫。清查户口，策定自卫计划。我把西古城寨子和机场分别守备，警卫连连长率两排兵力防守西古城寨，城墙很高，我请他闭城坚守。此外，我命令飞航、行政人员、机械士三部分的营舍构成三个据点，第一据点总队部由总队附王星垣指挥飞行员固守，第二据点由毛瀛初总保附指挥机械士固守，第三据点办公室由段棋新秘书指挥一般行政人员固守，机场方面由我与总队长刘炯光率领保安团兵一排与站务人员等负责守备。由于机场及机关房舍区域辽阔，警卫人数过少，我把待修的飞机上的机关枪撤了下来，准备装在卡车上，作为巡回机动使用，可惜机关枪卸装费时，尚未完成则已进入情况，改用驳壳枪和手枪，由刘总队长与我及黄副官三人乘坐福特小轿车，另卡车一辆装载步枪兵作机动的装甲车使用，守备机场与飞机的安全。

当天黄昏时，黄沙飞扬，伸手不见掌，为匪徒进攻之良好机会，会匪在靠近基地以后，果然两股来袭。他们最先接近西古城，先攻此寨子。他们有三百余枝杂枪，又有矛、枪、弓矢等落伍的武器，但声势浩大。不幸我方防卫出了两个意外，第一是警卫连连长竟然惊慌失措，带着两排警卫向兰州方面逃遁，临逃还把两枝驳壳枪丢失，使会匪捡了去，使匪不战而进占西古城；第二是飞航人员和若干行政人员不遵照原定作战计划，竟然开了门到街上看打仗，他们也没想到警卫连临阵脱逃，撤退不及，有的就用手枪和会匪在街上打起来，大部分则翻城跑到城外。城里也有一些行政单位及机械士营舍，会匪攻进行政单位，很奇怪的是见到钞票竟然不要，他们只砍断通讯设备，而见到人就砍。幸而毛瀛初负责守第二据点，他们照计划作战，在屋顶上用手枪抵抗，会匪被射杀一百多人，不敢再进攻。第三据点为行政人员亦未遵照计划规定上屋顶与匪作战，而先开门出外观战，使匪轻易闯进，政治指导及照相员与匪格斗均被杀害，少校秘书段棋新负重伤，另有飞航人员杨元丞被俘，周培恭飞行员拾起卫兵步枪与匪格斗，被刺伤腿部。

会匪占据城寨后即分一大部攻击机场，第一次进攻就被我们击退。他们人数太多，约有四百余人，第二次进攻，再渗入机场，占领了站本部。我们利用两辆车机动攻击，半个钟头就收复站部。很幸运，损失轻微，电话机被破坏当即修好，与寨内联络，得知第一据点飞行员除王总队附外均已离开据点，第二据点在固守中，第三据点无音讯，一闻此信心如刀割，立即与兰州军区司令部八战区长官部及省府报告乞援，八战区长官部答复立派汽车输送杨德亮师一个营来援。机场方面在我们官兵团结合作奋勇机动攻击下，匪徒退出去了，百架飞机也都安然无恙。

我们守机场虽然幸而无事，但我担心城内的三百余名飞航人员的安全。我和刘炯光商量，要死就死在一起，应立即反攻西古城。我把八名步枪兵装在卡车上，带十几个兵猛攻城寨，两次进攻失败，第三次冲了进去。此时残匪准备撤退了。我们也不去追击，赶紧集合清查人员。还好，被害就是二人，负伤的二人，都是行政人员。飞航人员雷炎均、杨元丞失踪。不久，雷炎均回来了，原来他躲在茅坑避难。次日杨元丞也回来了。会匪俘了他撤退，到了离城约三十里地停下休息，会匪把他绑在靠黄河岸的一颗树上，由于个个疲惫不堪，纷纷睡了。他挣脱了绑带，猛力打倒一个看守他的匪，就跃下黄河，随着流水漂流到对岸，真是不幸中之大幸。

此次会匪来攻非常奇怪，不是为钱而来，后来在街上发现有“官逼民反”的标语。他们破坏设备，见人便砍，似乎意在破坏空军基地，那就是有政治目的，很可能是日谍或中共煽动的。幸而他们剽悍虽有余，经验不足、没有计划，而装备太差，反而伤亡一、二百多人，他们用十辆牛车装运伤亡。此事总算有惊无险，推究此事第八战区和空军第一军区都要负很大的责任，战区司令是朱绍良，军区司令是沈德燮，他们都不重视总队的报告，空军第一军区司令部第一科科长更应负直接责任，他判断会匪不敢攻击空军基地，直到接到被攻击的报告才派出一个营星夜驰援，次日天亮这一营人尚未到。当然警卫连长临阵脱逃使我们防守发生意外。刘炯光从前调我来兰州为的是地面行政支援，没想到在防卫基地方面替他出了力。他们空军对陆军实战的指挥、调遣以及攻防战术都没经验。不过这件事连上面也所知有限，因为赵国标是我的老同学，他特别要求我不能写让他难堪的报告，我就不能据实报告求援的实情，上面认为事情过去了也没追究，而我得到航委会记大功两次。

十、川西对空作战

我在兰州只有半年，二十八年八月十六日奉调为成都空军军士学校学生总队总队长。此时空军军士学校一至五期学生都在校。我担任此职到三十年五月，奉调为空军特务旅第三团团长兼川西对空作战指挥官及机场陆战指挥。空军军士学校在三十三年取消了，所招只有七期学生，后来改为空军官校学生，分别为特十一至特十七期。

上面调我到川西负责地对空作战，原因是日本零式机独霸我国领空，占尽优势。在当时，零式机飞得快，爬得高，我们所有的旧式飞机与俄机，都无法匹敌，无法升空作战。有些飞机就在机场附近伪装掩护，再不然就在前线传来警报时紧急升空，飞到西康上空盘桓躲避，待敌机离去后再返航。敌机掌握了制空权以后，可以自由行动，寻找目标进行轰炸、扫射，川西八个机场自然是敌机重要目标，轮番炸射，有时低空扫射。我方地面部队虽然也有机场防卫，但效果不彰。有一次，一架敌机竟然在簇桥机场降落，用机关枪扫射，地面部队一时不知所措，没有向来机还击，任其滑行飞去。这显露机场警卫部队不能作战，是很失面子的事。委座知道此事，大为震怒，下令以后若敌机轮子触地，又任其安全飞走，地面指挥官死罪。这命令一下，谁也不敢做机场地面指挥官了。

我出身陆军，在空军服务多年，曾经参加空军中各种训练，上面调我担任此职，我义无反顾，在五月一日就任。川西八个机场是成都、凤凰、簇桥、新津、双流、温江、邛崃，属于我指挥的地面部队很多。我最先就在簇桥机场训练对空射击，所属部队航空特务旅第三团、陆军刘树成师两个团、四川省保安一团、防空学校高炮二连、三十三集团军高炮营三个连，等于一个师的实力。原来警卫机场的部队是二十五补训处三个团，他们在后方补训，同时拨出兵力防卫机场，但没有地对空作战的经验，竟让敌机自由降落再飞走，受到严责，很是沮丧。我就任以后立即鼓励士气并加紧训练。我有空对地作战的知识，知道飞机俯冲地面射击有两原则，第一要背着太阳，第二不可顺风。此因正面向太阳有迷眩之虞，而逆风才易操纵，不易发生危险。所以我利用此两原则判断敌机攻击低空扫射的路线，设下陷阱，伪装假飞机停放在敌机可低空扫射的地点作钓饵，进入与脱离均无障碍，我是唯恐敌机不来，只要它们来，低空扫射或降落，必然掉下我设的陷阱，因为我正布置好对敌机射击的火网。我把部队火力分为三组，步枪、轻机关枪为低空火力组，重机关枪、白朗宁高机枪为中空火力组，高射炮为高空火力组。各组以其武器的射程为准则各自练习对空射击，以风筝及移动的拖靶为目标，务求迅速准确命中。然后测定敌机线路，分别取固定位置，并做好掩蔽工事。果然到五月二十日，一队零式机十八架又来空袭，在簇桥机场上空侦察后误以为有飞机停放，第一架飞机下来了，想低空扫射，立即遭受从高到低的火网射击，日机俯冲距地面约十公尺即拉不起，瞬即起火，通过机场即坠落场外南边，后来知道飞行员是木村中尉，先被射杀，飞机也中了弹，着火后在机场附近坠毁。他们的第二架似乎也要下来，但一看情况不对，其他十余架即分散拉高远翔了。这是日本零式机首度被我方打下来的，事后美国及苏俄两方面都来索取飞机的资料。

五月二十一日，日寇以十八架战斗机及三十六架轰炸机大编队来炸成都和簇桥机场，成都被炸死两、三千人，簇桥机场牺牲了二十多个士兵和三匹马，我的指挥所也被炸了。牺牲的士兵都是在壕沟掩体内被炸的。这是对零式机被打落的报复，而他们的战术改变了，不再用基本低空攻击术，而改用超低空瞬间攻击法，是飞得较高的轰炸，避开火网的射击。我为捕捉敌人而随其改变战术，利用机场四周的山顶、树木和房屋，标上高度（每个阵地均绘有射击图），令部队官兵切实牢记，在什么高度可用什么武器射击，并编了歌诀，令他们背诵，有一段歌诀是“看不到不打，瞄不准不打，打不到不打，敌机俯冲来，沉着猛烈打。”此外，对超低空攻击法之作战，改在场外二——三公里处捕捉日机于下滑就攻击位置时机予以攻击，或于脱离拉高时攻击，根据日光照射及风向，机动进入预置阵地。簇桥机场本来先被敌机降落过的，如今首开打下零式机的纪录，士气大振。不过有些官长觉得很不是滋味，因为我一来就建了功，逼得敌人不敢轻视地面的防卫，改变了战术，有些竞争功说是他们的单位打的，最令人啼笑皆非的是飞机坠毁的地点恰有一营驻军，那营长说是他们打下来的。我问他一些问题，你们什么时候训练对空射击？什么时间什么位置打的？打中了如何掉下来的？应掉在什么地点，他都没法回答。最后我告诉他打中以后必然循着飞机俯冲的方向向前冲一段距离，所以决不是他所想象的是他们打下来的。我召集所有防卫部队，说明是全体的功劳，因为全体都尽了本分，平时努力学习射击，作战沉着勇敢，往上报也是人人有功。这是我的原则，“有事时人人负责，有功时人人分享”。大家也都很满意。

我第二个整顿的是新津机场，直接指挥的部队是四川保安第一团，刘树成师的两个步兵团，防空学校的高射炮连，三十三集团军的高射炮营。我都布置好射击火网，制作各阵地不同的方向距离射击图。虽然没有立即击下敌机的纪录，但打伤敌机致令敌机中途故障坠落或撞山是一定有的。四川警报网很健全，几架飞机入川，几架出川都有纪录，常常是二、三十架来了，回去经常少了三、五架，可能击中后中途坠毁了，但都不算是我们的战果。

三十年年底，太平洋战事爆发，抗战事业终于与世界反侵略国家汇成一流；美国开始以飞机供应我国，飞虎队也加强了，制空权又慢慢被我们争取过来，机场地面防御也就较为轻松了。不过盟军经常来参观我们的对空作战的部署，火力编组，阵地构筑等，机动进入捕捉日机，对我设置的火网很感兴趣。有个俄国顾问对我说：“跑了很多战场，只有你这个单位有这种战斗编组与射击设计。”

盟国参战后，一方面减少我们被空中攻击的压力，一方面壮大我们的空中力量。最初来的是P四〇，火力强，速度快，但零式机还敢对抗，等到P五一来，日机无法抗衡了，几乎是一看到就躲就跑，制空权遂操我方手中。中美军事上的合作，还包括美国协助我国训练飞航人员。我们尽量招收有志于航空的健全青年入伍。三十二年八月，我奉调为空军入伍生总队总队长。

十一、主持空军入伍生总队

空军入伍生总队于民国二十七年成立，队址设于川西巴岳山北麓铜梁县的旧市坝，由王秉樾负责筹备并主持，我接任之时，有六个中队受训，都是空军军士学校入伍生。不久飞行、机械、通讯、测候等学校都先后送来入伍生，人数大增，由六个中队扩大到四个大队。

总队是空军第一关，训练空军入伍生成为德、智、体、群俱备的优秀军人，训练内容是一般军人的军事知识、技能，锻炼强健体格，坚忍耐劳的习性，培养爱国家爱民族的精神。学科方面重视军事学的典、范、令、战史、武经；术科方面重视各种操练。但为提高学生学识，对英文、数学、物理、化学、国文、学庸等也极重视。由于战争的急需，空军扩展很快。当时大后方爱国青年纷纷投效空军，惜因国人体型体格稍差，合格的比例低，以致于不能在学科等方面采取严格的标准，所招的学生有初中、高中、大学生，程度不齐。针对程度较差的学生，我特别设立各种补习班，加以补救，避免将这些有志青年淘汰出去。我主持总队的方针与原则与前任极为不同，我尊重学生的意见，信任学生自治的能力，一本公正原则，厉行四大公开，即意见公开、赏罚公断、财物公开、人事公开。

（一）意见公开：总队教育的主体是学生，如能了解学生的意见，可以减少不必要的争执，增进教育的效果。我让学生有自由表达意见的机会，每月更换学生代表，这些代表由每中队产生三名，产生方式是抽签，由这些代表组织会议，再抽签分组，分别负责管理、财物、卫生等事项。这些代表听取同学意见，还要主动去搜集建设性的评论，到了月底开座谈会，由他们自选主席，我带政治部主任、及教育主管参加。各代表对其负责的任务提出报告，其他代表可提批评及改进建议，当然对总队的教育亦可提出意见，各人均可畅所欲言。合理的批评，总队官长诚意接受，立即改善，偏颇的议论或不能做到的要求，则加以解释疏导，态度不佳者亦加以纠正。会议最后作成结论，公布周知，要求官兵员生一体支持奉行。我主持总队七年中，在管理方面，没有出过任何风潮，没有摩擦，相信是意见公开的效果。有些主管很怕部属批评，不敢采取类似的办法，下情不能上达，反而容易生事。

（二）赏罚公断：七年之中，既无事端发生，总队的赏罚多属于教育本身，而其原则是赏罚公断。不仅管理内务、文康活动，连学科、术科考试，都采取公开竞赛方式，胜负奖惩由学生代表公开评断。当时我让各科目教官合作编教材内容，并提纲挈领编出固定的题目和答案，类似于今日的所谓“题库”，印发学生。有些必要背诵者如总理遗嘱、空军信条、军人读训、党员守则、步兵操典纲要等，学科要记的内容亦颇多，术科如基本教练、手枪、步枪、机关枪射击、基本体操、器械操、障碍超越等都有一定的标准，这些都是总队主要教育的内容，常在公开集会时临时抽考，学生为了应付此种比赛性的抽考，为了团队荣誉，不得不事先准备，有些在课余自动去练习术科动作，有些半夜起来默记学科教材，当时每个月有二十四次的比赛（包括文康活动、精神教育的比赛），每种比赛制有荣誉旗一面，颁予优胜的中队或大队，在那环境中，队官及学生都表现出爱团体爱荣誉的精神，有一位大队长还带十一面荣誉旗到台湾来作为纪念。

（三）财务公开：政府拨给总队一个月的经费，超过一个师的预算，学生伙食比陆军主副食多一倍以上。队官薪俸也较一般陆军为优。但此时货币猛烈贬值，物价飞涨，待遇已不算好了。有些不肖主管或军需官利用部属薪俸发财，只要压下薪俸半年或三两个月，就产生巨大利息。我采取财务公开，不仅涓滴归公，并且主动为属下员生争取福利。每月学生代表有负责财务者，组织福利委员会，掌管收支账目。此外我拟出一套办法来减少物价飞涨的损失。每月二十一日以前，以福利委员会名义调查官兵员生下个月要购买物件，二十五日做成清册，连同饷册由军需官带赴重庆，领饷后立即在重庆买好货物，装载回队，通知请购者领取。这种办法等于提前发放薪饷，减少货币贬值之损失，且因大部分货物成批趸购，降低了价格，又省下运费，在当时我真是图利部属也。不过我照价抽 5%，作为运费及手续费，其实全数交与福利委员会，数年之间，利用这笔钱建造六栋房子，作为俱乐部、舞厅、弹子房等，都是提供大家享用的公共建设。

（四）人事公开：我用人升迁，一秉至公，无所谓任用私人或徇私枉法。例如某一大中队长出缺，我是以平时表现良好的提升上去，大家简直都可以猜得出是谁要上去了。战时军校毕业生都希望前线带兵作战，建功机会多而升迁较易，因此后方训练机构，特别是空军地面部队或训练机构很难找到队官，好的很难留下来。因此在人事上我不能让表现优良的队官或教官受到委屈，尽可能地给他们有升迁或获奖的机会。此外在生活方面有如前述是对他们照顾得无微不至。譬如办子弟学校，免费入学，且免交文具书籍费用，提供服装，在当时是很优厚的待遇了。他们日常生活省了不少钱，我又鼓励他们积蓄。四川农村青黄不接时借青苗钱，我准官长放青苗生利，但以法定的一百担内为限。有些部属因此而积蓄了不少钱。我是用尽办法来为部属争取利益，提高部属的士气，让他们发挥专长。总队队官军校第六期到第二十二期都有，表现良好。队官和教官中著名的很多，军事学科有韦师洛、王金书、周维桢，教育训练有朱志和、冯恕谦、王逢恩、谢士铎、王铁诚、耿晓光、刘建敏、赵吉，政训工作有张翎、高殿均、孙念祖，国文教官李国良，单枪劈刺教官黄天榜，体育教官张庆余、陈家燮、曾良海，音乐教官索子樵等等，都各有专长，对总队贡献良多。

总之我本着四大公开的原则来办教育，获得很大的效果，学生一进总队便受到良好的教育和照顾。战时本来就极其严肃紧张，每人都能拿出精神来苦干。不过为了调剂紧张的气氛，我仍然十分重视官兵学生的休闲活动，举办各种文康活动，而其中若干活动本身即为训练的一部分。

（一）行军宝鼎山：距旧市坝六十公里有著名的名胜，大足县宝鼎山。山上有唐宋石刻及数千尊佛像，其中大者，仅手掌即可容三四人平躺。总队在冬日雪天长途行军，即以此山巨佛为终点，一方面在测验学生的体能，一方面使其欣赏我国固有文化的瑰宝，可说一举两得。

（二）举办歌舞话剧晚会：每周都有晚会或营火会，演出平剧、话剧、歌剧，或者举办音乐会和军歌比赛；平剧、话剧的演出很成功，遇到需要坤角时便由同学男扮女装，有一次演出罗密欧和茱莉叶，十分轰动。音乐会较为严肃，而军歌比赛极其激昂，针对着总部的歌曲便有十一首，其中最著名的是“巴山万仞志士如云”，十分雄壮，当然抗战时期抗日歌曲都极其慷慨悲壮，足以振奋军心。这些活动亦邀请附近民众参加，使军民同乐。

（三）一般竞技：总队各种竞赛亦包括各种球赛和田径竞技。总队的篮球、排球，由著名的教练陈家燮、曾良海训练，球队远征铜梁、璧山、重庆、合川等地，可说所向无敌。特别是篮球成绩最佳，像朱声漪、游健行、孙焕庭等到台湾之后成为空军大鹏篮球队的国手。每年举办运动大会一次，除球类比赛外，进行田径比赛，并邀请民众参加。最有趣的是各队在场边各自设休息室及贩卖部，有的别出心裁供售各地的特产，有些贩卖或服务人员故意扮成女装，场边顿时花花绿绿，充满情趣。

（四）其他文康活动：总部设有图书馆，提供一两万本书，还创力行周报，是官兵员生的精神食粮。前述俱乐部提供休闲场所，可以下棋、打桥牌、打弹子和举行舞会，另外设有网球场，供应网球和球拍，在当时算是很难得的设备了。

这些文康活动使总队在严肃中有轻松。很值得一提的是这些活动多半开放与民众同乐；旧市坝的儿童亦可免费进入子弟学校就学，后来学生中占百分之七十左右是当地儿童；此外，利用总队医疗设备对民间病患施医；总队警卫练习队原由入伍生实兵练习，他们巡回远至土桥、雍溪、玉龙、侣俸、三教等地，无形中维护了地方治安。所以总队在旧市坝是和民众融成一体，可说军民一家。

通常学生入伍送来受训，完成各种训练以后，最后举行阅兵大典才结束，此大典经过事先的训练，以正步通过阅兵台，个个精神抖擞，最足以表达训练的成绩。许多来参观或劳军的都对这种种训练赞不绝口。来劳军的大学校长和教授都表示，想不到在山区竟能办得这么好，中央大学校长顾毓琇面赠“鹰扬八表”的锦旗。驻在附近青年军二〇一师师长戴之奇率领副师长、参谋长、团长来观摩，他公开讲评：“自从离开南京教导总队以后，抗战以来，贵总队是我所看过的最精良的部队。”航空委员会管教育的王卫民、刘牧群数次视察，都加以奖勉。这是总队上下付出辛劳的结果。

作为空军训练单位主管之一，我常赴重庆参加有关会议。有一次召开空军干部会议，委员长亲临主持。此时美国提供了不少飞机，愿意接受我国更多飞航人员到美国训练。可是在送出国之前，我们一些基本训练不能迅速完成，连带地影响了送出国的名额。大家商量不出办法，我当即提出一个方案，大意为“增加训练器材，缩短训练时间”。只要训练机构器材增加，受训人员即可增加，同一个时间内可使更多人练习，时间自可缩短。委员长一听立即嘉纳，当面对空军总司令周至柔说：“你们空军有这种人才你不会用？”总队即增加了教育器材，而一批批空军新血可及时完成入伍训练，转送美国。

大批空军送到美国以后，美国空军教育单位对他们的基本训练、学科程度都很满意。不过又有一次委员长亲自主持的会议，他垂询赴美空军学生的情况，空军教育负责人员据我方在美国的调查报告说，出国学生闹了一些笑话，令我颇为紧张，幸而所谓笑话是指这些学生在生活上到了美国的适应问题，譬如不会用刀叉，不会用抽水马桶，不会跳舞。我说：“这不算是什么重大的缺点，很简单，给我们刀叉等设备，很快可以训练好的。”果然大批刀叉就运来了，我们定期吃西餐，教他们使用或摆放的方法，抽水马桶用法一教便会了，此外教他们跳交际舞，教他们如何请女客，再出国的学生就很快地能适应美国的环境了。

我主持总队的第三年，总队建新大门，由两座大方石柱砌成，石柱上刻有“民族复兴路，空军第一关”，背后刻上我的题跋:“抗战军兴之明年,总队创立于此,开班教育,已七易寒暑。今结业诸生均已参加直接间接之杀敌工作;甚有为国捐躯壮烈成仁者。昔黄埔兴学而国家之建立以成,笕桥设校而空军之基础以立,其有赖于山川之钟灵毓秀者,见诸史实而不鲜。总队集天下之精英,于巴岳之麓创队训练,冀藉此雄瑰巴山,涵蓄我空军军人至大至刚之气魄,蔚为宏伟力量,以建我铁的国防。声寰忝长总队,已阅三载,兹值新大门初成,爰书数语以纪崖略。中华民国三十四年三月二十九日,空军入伍生总队总队长劳声寰谨跋。”此时抗战接近胜利,而入伍生人数众多。

胜利后,我继续供职,以迄于离开旧市坝,主持七年间,受训空军入伍生超过六千余人。

十二、从空军到陆军转任师长

抗战八年，终于赢得最后的胜利。无奈“共匪”叛乱，局面愈来愈险恶。最初我仍在铜梁巴岳山麓——旧市坝担任空军的入伍训练。

三十六年六月，空军总司令周至柔召我晋京，见到面就试探我对当前军事情况的看法。此时陈诚（辞修）公开宣布三个月内可以“剿灭共匪”，我照着这样讲。周竟然生了气，他当面训我：“做将官了，毫无研究，人家这样说，你也这样说。表皮上好，内部烂了，生脓了，皮破则不可收拾了。”接着他表示我们抗战是靠着深厚的广大的大后方，以空间换时间；而今“剿匪”，敌人（指苏俄）在我们头上，今后我们应该拿海洋来做后方与“共匪”作战，他问我应该拿什么地区作根据地，我回答：“台湾。”他表示满意。他说：“你和训练司令去台湾作一次参谋旅行，希望训练单位在今年搬到台湾去。”我辞出总司令办公室后，晋见刘副参谋长国运，承他告知我：“周总司令曾向统帅部建议：将官校、机校、测候训练班、通信学校入伍生总队等训练单位迁到台湾。国防部不同意，还要以动摇军心的罪名来办他。后来委员长召见他，并没有明确的批驳，他指示:‘这个事你们空军自己办，国家没有钱，你们要自己想办法；但是对陆海军‘剿匪’的支援不能受影响。’”

我在台湾考察三个月。当时台湾省主席是魏道明，空军指挥官是郝中和。郝对时局的看法与周不同，对我们的考察很不满意，认为这时搬到台湾是太早了，给予的支援太少。我们八月回到南京，作成报告。由总司令主持开会研究迁台案，因台湾指挥部支援财力不足，只能先将通信学校搬来。现在想起来，当时如果各单位都搬，各种器材设备及人员就不会遗弃在大陆，而有益于反共大局。

大局果然很快地恶化，三十七年双十节总队奉命迁台，我不得不率领部属及学生撤离四川。入伍生总队撤到屏东县东港大鹏基地，空军幼年学校也撤到大鹏。到三十八年三月，两个单位便合并改称为空军预备学校。我虽仍兼任入伍生总队总队长，实际上在三十七年十二月初已离开总队，奉命到南京带空军的警卫旅。很快地我把此旅集中到上海，而在十二月底撤退到台湾，集中在台中、南投。此时我以入伍生总队长兼警卫旅旅长，又担当带兵的任务。

空军警卫旅全旅约四千六百余人，平常担任机场及其他空军单位的警卫，没有输送、通讯、炮兵、医疗卫生等单位，分三个团，而每团均无轻重机枪与迫击炮，我在南投全力加以整顿，主要训练是射击及行军，加强机动力及打击力，希望使这种警卫部队改变原来惰性而具有机动性、有战斗力量的部队。

三十八年一月二十一日，总统宣告引退，由李宗仁代行总统职权，而与“共匪”谈和。四月和谈破裂，共军渡江。总裁不得不以党的领袖再起，领导军民极力抵抗。五月初，他准备从溪口到厦门，此时有一批黄金、白银亦运抵厦门。因此需要一支比较坚强的部队去护卫总裁及警卫这批金银。此时空军副总司令在溪口，建议调空军警卫旅去厦门，他说劳旅长很能干，这旅可用，总裁便打电话到台湾来令我旅即刻调厦门，并立即发表石祖德为厦门警备司令，本旅归他指挥。事实上我旅到台湾从元月到三月负责构筑全台飞机堡垒，四月份起方正式整训，未及两月，装备不全，对此重大任务有点惶惑。周至柔曾采纳我的训练计划，为此极为不满，东南长官部陈诚长官以代电与空军派本旅到厦门，空总将原电交警卫司令万用霖，万亦将原电交我看，并称：“去与不去由你决定，总司令及刘副参谋长是不同意去的。”斯时王副总司令命我到厦门去晋见石祖德司令，当即乘飞机去厦门谒见石祖德，他向我索取战力表，当即呈上，他详细察阅后，即云：“无野战装备的卫兵何称第一流？”他告知我：“贵旅无机枪、迫击、山野炮、通信、输送、卫生装备，难担任野战任务，请你回去。”翌日飞回台北向王副总司令复命，将石司令所言，于台南市空军招待所同进早餐时向他报告，他还责我不应据实报告石司令。至六月上旬淞沪撤退，周总司令返抵高雄，万司令命我去晋见，请示本旅行止，当一与周见面即询到此何为？立请示本旅行止，他脸色立沉下来谓：“我不管这了。”一方面东南长官催领开拔费出差，一方面本旅部分眷属知周、刘不同意此时调用本旅，纷纷到我家中向内人哭诉和要挟不开拔，而我直接长官万用霖始终没有下达正式命令，由我自己决定。我想军人以疆场为事业，决心开拔，向长官部请派轮船，并请警卫司令部代领开拔费，长官部发五亿元老台币，万用霖留下两亿，发我旅部及三个团三亿元，他说："已经得三位团长同意。"我先向空总建议拆下霍克三机上的机枪，改装使用，共有五十四挺，又领用地对空电台一座，再购若干军用品，六月中旬全旅进驻厦门接替伞兵部队及高射炮李团防务，守备金门、厦门及其外围邻近县份，并"㓟"土共。七月，总裁莅厦门驻节鼓浪屿，召开东南沿海部队将领会议，我忝列席，决定我部扩编成师，所需装备由汤总司令补给，重机枪五十四挺，八二迫击炮十八门，六〇迫击炮五十四门，兵额不足由二十五军沈向奎军长拨五十师两个团、一四九、一五〇团补充，作师直接部队，我原来三个团缩编为两团，一三三团宋养儒、一三四团傅西来、一三五团林从礼、副师长郭玉田、朱志和兼政治部主任、参谋长骆维藩。

十三、金门防卫战

二十五军军长沈向奎，辖四十师及四十五师。我扩编成师以后，全师守备厦门。九月初奉命将厦门任务交刘汝明兵团（两个军），调往金门，防守东部半岛，而二〇一师防守西部半岛。此时金门、厦门统归汤总司令指挥，刘兵团守厦门，李良荣兵团辖二十五军及二〇一师守金门，汤总部警卫团与一六六师仍驻厦门。九月中，厦门失守，刘兵团全军撤退台湾，汤总部及一六六师乃移驻金门。十月初，十八、十九军自汕头陆续增驻金门集结，作李兵团预备队，斯时防卫部署金门本岛西部指挥官沈向奎军长，第一线守备二〇一师郑果师长，预备部队四〇师，东部指挥官高魁元军长，第一线守备四十五师劳声寰，十八军各师为预备队，二〇一师炮兵营、装甲兵大队归劳师长指挥，一一八师唐团作劳师预备队。小金门由第五军（仅二师千余人）、一六六师二千余人、汤总警卫团守备，由军长高吉人指挥。十九军全部，军长刘云瀚，驻金门岛西部归李兵团指挥，作总预备队。

十月初，汤恩伯召开军事会议，汤的私人顾问根本博也参加。他认为要守金门必须守住金门与对岸之间的大嶝、小嶝、角屿三岛，这三岛一失，则金门无法防守。我当场和他辩论，我认为此两外岛根本无法守。两个小岛距离大陆仅约一公里半，而大嶝距离金门有六公里，小嶝距离金门约一千六百公尺。潮水来了，这两岛是岛，潮水一退，便不是岛，因大陆可利用退潮时徒步过来。何况两个小岛不能驻扎重兵，少数部队突出前线，敌人源源来袭，我金门本岛不能及时支援，必然被消灭。因此我主张放弃，而集中力量防守本岛。（斯时十八、十九军未来增防）。虽然我自信理由正确，但会后防守司令仍命令我派一个营去防守我的正面的小嶝及角屿。大嶝则由四十师派一个团防卫。我只派出一三五团赖营长率步兵一个连外加一排重机枪去。果然在十月十四日，“匪军”一个师利用退潮就攻击大嶝，自晨至午，四十师守备团支持不住，由十八军十一师刘鼎汉师长率兵一团增援，四十师范师长亦到大嶝督战，敌再增两个团猛攻，我如不再增援则这两团被吃了，但增援无船运输，到达时作战困难，乃作全面撤退回金门本岛。

“匪军”以一个师以上，野炮四十余门的兵力占领了大嶝岛后，随即乘黑夜利用退潮，集中炮火制压掩护步兵一个团徒步猛攻小嶝，我赖营长奋战自黄昏至午夜仍与我通话，因无船运兵支援，忍泪勉其与阵地共存亡，至拂晓时电信中断，而枪炮声仍断续至上午十时后始告沉寂，小嶝、角屿如此陷“匪”。此役序战如此下场，良可慨也！

十月初厦门尚未撤退时，“匪军”由围头派小机帆船载步兵一排由连长指挥偷袭我田甫——青屿正面一三四团阵地，为傅团长反击打死“匪军”二十余名，俘获官兵十八名，步枪数十支，轻机枪三挺，奉汤总司令电，派员解送厦门总司令部。

敌人在十月下旬，开始准备进攻金门。此时二〇一师仍守西部正面，我的四十五师仍守东部正面，但十八、十九军作为打击部队，随情况变化而机动出击，力量雄厚。敌人最初派出斥候船只来探虚实，我的部队在马山前哨俘到一艘机帆船，分别讯问俘虏，判实敌人若攻金门，必攻西部二〇一师的防区，因为敌人情报显示，称道我师工事坚固、装备好、火力强，他们不会攻坚，必选他们认为脆弱的防区为攻击登陆目标。我把俘虏及情报送汤恩伯总部参考。我方过去判断敌人会从小嶝最近的距离来攻东部。

十月二十四日深夜一时左右，敌人果然登陆金门西部古宁头阵地。一百多艘各式各样的船，利用涨潮时直扑西部，冲上沙滩，遇到防军坚强抵抗，不久退潮了，船不能再退，有些船夫躲起来，也不能退，他们带来的重武器、迫击炮、重机关枪因脚架与炮枪身分开了，不能好好使用，因为乘船慌乱中有的脚架给弄丢了，编组也乱了。他们只好硬冲，占了二〇一师正面的几个村庄及沿海十几个碉堡。天一亮，作为打击部队的十九、十八军冲上去，后面的炮也射击毙敌，第一战功应为战车营，营长陈上校勇猛冲锋，毙敌无数，第二战功应属十八、九军，他们克复一个最重要的村庄。最后把敌人围困在古宁头阵地，打了两天，歼灭了一万多人才结束，而空军孤立战场亦功不可没。

敌人避开我的正面，我只好坚守阵地，侧面支援策应。当天早上八时，我看我正面平静无事，曾要求参加反击，不准。不过因我带了一台地对空电台，而且驾驶员几乎全是我的学生，很自然地我竟指挥起空军作战了。当天夜里，第一批飞机还没到金门上空，我就听到呼叫："总队长，总队长！我是某某，我们来了，我该如何帮你们的忙？"我问："司令官有没有指示？"他们说："没有。"我说："听我的。"我让他们轰炸漳州以东、泉州以南、东山岛以北"匪"岸，见船即予炸射，消灭"匪"船以孤立已登陆本岛之"匪"，易于歼灭。夜间派运输机或侦察机多带照明弹，于"匪"我对阵海域上空东、西端各投照明弹，便于发现"匪"船增援与容易瞄准射击。

第二天，来的飞机更多，我就更忙了。他们说奉总司令指示，炸射金门南北山碉堡，我说不可以，如今两军犬牙交错，很容易误炸自己人。我说："第一目标是船，漳州以东、泉州以南、东山岛以北的河面海面上，凡是船就给我打！第二目标是金门对岸的炮兵阵地！"前者是防止敌人渡海增援，只要无船，援兵不来，登陆的"匪兵"还有什么希望？后者是镇压他们的火力支援。这两个目标都很大。这些孩子们听我的话，孤立敌人战场，压制了敌人炮阵。第二天晚上，照我吩咐，多带了许多照明弹，使敌人无法遁形，也获得极大的效果。

我以过去在陆军、空军的经验，在金门防卫战中作了如上的支援。不幸陆军只希望空军杀伤战阵上的敌人，并未想到切断敌人援兵及火力支援更为重要。有些陆军看到我竟可以指挥空军，十分忌恨，所以我对金门大捷完全无功可述，战后论功行赏无我的份，反而明升暗降，调我为副军长，派副军长陆静澄接四十五师师长。

金门战事结束后十月底，汤老总下令二十五军及二〇一师开回台湾整训。部队已集结料罗湾准备上船之际，十一月一日晨忽接胡琏司令官电话："我是十二兵团司令官，奉陈长官命令接替二十二兵团任金门防卫司令，贵师归我指挥，克日进驻小金门，担任防守任务。"沈军长及我的高级干部均要求我去晋见汤总司令请示。我去防卫司令部，先见到汤，汤老总见到面就说："你来干什么？"我说我来见长官，此时陈诚是东南战区长官，汤说："不要见他，我刚为贵师留金跟他吵架，我回台与周总司令设法把贵师调开。"说完就走了。陈诚看到我就说："听说你不愿意去小金门？"我说："哪里哪里！"在战地没有敢违抗军令的。立即船运小金门。担任大担、二担及小金门岛防务。至十二月中旬，我要求集中整训，乃回至金门本岛集结整训，十二月二十日胡司令召见，云："我调升你为十九军副军长，而派原副军长陆静澄来接师长之职。"

我报告说明这四十五师是空军的警卫旅扩编的，司令官要调动我该事先得周总司令允许，否则最好不要调动。我当时即回师部，召集各团长封锁这个消息，切实掌握部队，提高警觉以防不测，立即打电报向周总长报告。而胡琏司令随着打电话告知我说："你说要征得周总长同意一节，我在打电话请示。"我即回答我早已电禀周总长了。不多日周总长派中将万用霖到金门见胡琏，表示不同意，说："劳师长如作战不力，可以枪毙，不可调职。”胡琏认为很失面子，写报告给总裁和陈诚表示不满意，双方弄得很不愉快。最后经桂永清出来调停，调四十五师到舟山，归石觉指挥，另由海南岛撤回中之一九六张定国师填补劳师任务，此事始寝。

一九四九年十二月三十日，全师船运舟山。周总长派一作战飞机，双座的 AT 六来接我到台湾，他说：“你知道么？现在把你调到舟山，一切作为要做他人模范，要好好的干。”

带兵应该公平，有功推及部属，有事大家担当。我在金门半年，最难忘的是与士卒同甘苦共患难。当时金门很荒废，物资缺乏。我的部队匆促中开赴前线，最愁的是武器弹药与粮秣，享用品自然没有，而补给皆仰赖军部与兵团部，一时无法办好，生活的艰苦自不待言，我们上下一致，吃了好几个月的芋头，后来还连芋的叶子也煮在一起，每餐胡乱吃一碗充饥，但大家都无怨言。我的一三三团王营在下兰做工事，做得很辛苦，日夜赶工，我几乎天天去，到各团阵地巡视，中午均在连上与士兵同餐，有一次我和他们一起吃芋头，是甜的，好吃，另尝一位士兵所食的，不是甜的，我才知道只有我的碗里放了糖，停下来想问炊事兵，一个军士站起来说：“报告师长，你年纪比我们大，应该要吃好些，我干粮袋存有一些糖，放在师长碗里。”讲得我很感动。这些士卒与我打成一片，相信他们饿肚的时候，我仍然可以带得动。守备金门期间，常因上级以自由轮运输补给品补给，金门无码头，全靠小木船拨运上岸，风浪大，拨船常撞烂，米粮械弹落海，部队饿着肚皮，眼看船上有米无法取得，后勤作业之缺失，影响至大。

金门大捷之检讨：十八、十九军为打击部队，得战车之协同，歼灭登陆困守村庄之“匪军”，贡献很大，如无战车作前导与扫荡海滩对攻击据壕堡垒之“匪军”，其得手则为艰难了。其次为空军扫荡“匪”岸船舰，夜间照明海面，使其无法增援及制压“匪炮兵”，否则欲收全胜也非易事。再次为第一线守备部队，二〇一师四十五师，其装备、训练、干部素质，均较其他军师为优，当初防守着眼以“歼匪”于水际为上策，而使用这两个师为第一线守备，一切力量均置于最前边拒“匪”登陆，继而“歼”之岸际，所以这两个师全部摆开了，二〇一师正面遭突破无法抽调已摆开部队作增援，惟靠后方纵深配备的打击部队派上用场了，当“匪”接近岸际，已被第一线之部队火力消灭了一部分，也打乱了“匪部”的系统，削弱了“匪”很大力量，又其他防守严密攻不上岸，稳住阵线不无贡献吗？

我部由旅扩师之际，曾向空军总部申请发日制二·五寸双管高射炮十二门，并在台湾制作可以搬动而发射稳定的炮架，迨师编成尚未制好，虽上级命令暂不成立炮兵营，而我仍坚持先成立一个连，领取炮及弹药，赶制炮架以增强战力。移师舟山时，炮亦同时运到，除增加防守火力，另装备浊洲轮作炮艇，巡察附近海域与离岛。也正因我师配备对空电台，可与空军密切配合作战，全师皆八发半自动步枪，美制霍克机上用〇·五机关枪，又增加日制双管炮，是项装备为其他部队所无，当然易遭垂涎。

十四、舟山往还

一九五〇年元月，我率部进驻舟山群岛之岱山岛。舟山防卫司令石觉，辖八十七军、五十二军、六十七军，另外是独立九十九师、独立七十一师。我部称为独立四十五师，奉命与七十一师及海军巡防处长兼县长萧政之共同驻守岱山。岱山岛在定海岛北面，靠近杭州湾，此时正在岛上积极建机场。岱山岛中部包括机场及南部高亭由四十五师防守，岛西、北面由七十一师防守。石司令曾暗示我要监视七十一师，师长董季陶如有不稳，要加防范，如敌人来攻，他不打，连他一起打；平常要提高警觉。这师是江苏保安团队扩编的一〇一军改编的。我既奉了密令，便派二、三十个干部，化装为前线逃兵，去他的师要求收编，渗透了进去。又尽量接近他，发现他部下军纪确实不佳，董师长为人忠厚，干部也很好，没有问题，两人处得融洽，合作无间。讲起来，我没有私心，如有私心，乘机告他，兼并他的部队是很容易的。

在岱山，一方面加紧训练，天天都作射击练习及战斗训练；一方面构筑工事。这个岛南部是沙滩，当地居民都利用作为盐滩了，地势平坦，简直无法做好工事。我就在盐滩上做碉堡式的工事，利用当地的大盐桶及盐板作工事材料，先放盐板，再堆上泥土，再放板，再堆土，中间开枪眼，做成很坚固的堡垒。三月中，总裁到舟山巡视，也来岱山看我做的工事。他看到盐板作成很厚很坚固的堡垒工事说："很好，为什么不全做？"我说："这些盐板是老百姓的，值几十万大洋。"总裁说："这个时候还谈这些，先要求胜，才能爱老百姓，爱百姓是以后的事。"他命令全舟山照着做。在岱山就用了几千张盐板，但工事是坚强多了。

总裁巡视岱山时，看到老太婆在洗衣，他蹲下去用家乡话和她们谈家常，又问驻军军纪如何？老太婆讲我的师军纪好，他很满意。我们一起走，快到东沙角附近，他说："东沙角很坏，我年轻时经过这里，私娼很多，你们要好好管理。"又问那地方是谁的防地？我说："独立七十一师防地。"

总裁在一九五〇年三月复行视事，办革命实践研究院训练干部。在舟山亦设分院，我兼第一大队队长。阳明山革命实践研究院自第一期至第五期皆列有我名，均以战地司令官以战事紧张为由电请缓调，迨离开部队想去也无从了。

总裁曾在舟山允准石觉司令官之请求，恢复十三军，以四十五、七十一师编成，正在着手，陈诚长官来舟山巡视，否决了恢复十三军的措施，并自金门将其十九军全部及装甲兵一营增防岱山。

十五、不白之冤

一九五〇年五月，奉石司令官命令，自舟山撤退。各团团长均来请示谓各军师均拉带壮丁，我们可否也带？我指示他们原来协助我们的地方工作人员，如愿跟随者可以带。我在前一天，奉防卫部令往定海领军饷、被服、粮秣，派军需上尉燕方畏去定海领粮饷，另派步兵一排陪他去，我说："你一定要领好，回来，无论如何要回，你不回来我不走，我等你。"

次日，一万吨的油轮永清轮开来了，我在码头指挥上船，先运辎重上船，以后依序上船。我们带了一百一十二人，都是自愿跟我们走的。没想到一三四团特务长想带一个卖面的朋友，由其团长特准，此事石司令官有令在先，不是大错，但因特务长与上级将官为此案发生误会，记大过二次，交该团长察看后效。

当天全师都上了轮，军需仍未回来，全师的粮饷，而且我有诺言在前，我和一个干部训练班留下来等候。我信任我的军需的忠贞与临财不苟，相信他必然回来的。果然次日九时他回来了。乃一同登上永清轮返台。

我在船上四天四夜，终于航抵高雄海外，不料不许轮船入港靠岸。国防部派情报人员二十多人，由段一鸣少将率领到船上搜查，搜查不到任何不法的情事，所有多带的一百多人大多是地工人员，一个女的也没有。领队问我："队长，什么人告你？"我说："我怎么知道？"大家在海上缺水口渴，等他们搜查实在烦极了。结果"具结"无事，让船靠岸。另一组人员一个个问话，有浙江口音的都给留下，一百一十二个给留下来，他们都要跟我。问话的特务人员很奇怪，我说："你问他们好了，我没强迫他们走，没苛待他们。"

后来才知道是有人先回台湾告我，强要"国防部"第二厅厅长侯腾诬告我，列举掳掠空军及地方财物，说我拉丁填补、贪污空缺、军纪不好。这是后来石觉司令官与根本博到宜兰视察我师时告诉我的。他并说你归我指挥，我以为在舟山部队中以贵师最好，我为此曾找侯腾理论，他表示铸成了定案，无力挽回，深表遗憾。我当时回答他这是空军的家务事，谢谢你关心，报国之道甚多，师长一职不算什么。

第一，谈到拉丁，石觉司令官下令可带地工人员及少数壮丁，结果是别的军拉了上万人。但这些军上岸时，军长拿着手枪对准检查人员，不准检查，无事通过。只有我这师，根本没有拉了，反而被检查出一百一十二名有浙江口音的兵被带走。

第二，谈到贪污，刚好相反地，自服公职以来从无贪污。"国防部"为了查案，甚至查到我负责主持警卫旅，空军入伍生总队时期的账，这些账我在大陆撤退时带到台湾，"国防部"派人去查，经理组长何道锡被调去查了一个星期，幸而账目分明。

当时我为了使部属官兵生活安定，提早去领薪俸，提早去订购日用品，在物价波动纸币大跌之时，从无延期发饷、周转营私的情事，这时，太多的主管与军需人员都是这样做的。谈到我从三十八年带四十五师以后，更无贪污。当时，每个部队都吃空缺，厉害的主管大发其财，但部队人数有名无实。郭忏总司令曾派人到舟山去点名，发现各师空缺在百、千不等。开会讨论，各师的空缺钱，统筹分配。我师本无空缺，开了会反而分配到二千元（大洋）的空缺补贴以作令师福利。当时官兵一律加发五元大洋。从师长到二等兵。每人都有。当我和部队调驻林边时，“国防部”监察处（第三处）派人到林边查账，每一连的伙食账都查了，甚至查到空军警卫旅时期的账，没有空缺，账目清楚，查账的是航校出身的，他问我：“报告队长，你得罪什么人？没有拉老百姓来抵空缺，账目没有任何毛病，所告的都无实据。”问得我啼笑皆非。我在金门因为补给不上，大家吃苦；到了舟山，情况稍好，尤其有空军支援，我内人买了慰劳品，就飞前线去慰劳。她在岱山住了一个月，每天都有几架飞机运送慰劳品，这笔开销，后来一算有数万大洋，无处报销，乃将太太的手饰积蓄都变卖偿还，计有六十八两金子。我当师长是倒贴的。

第三，谈到军纪，我的部队可说军纪严明。我们撤退时，军需官去领饷，我独自留下来等候，我信任他，他也信任我，我自己觉得撤退很成功。但是“国防部”仍以军纪不佳具报，免了我的职。

这个案子查无实据，以莫须有的军纪不佳免我的职，调我为“国防部”参议。我回台湾以后,去看参谋总长周至柔,那时,我一进门报告一切，说:“我很成功。”他说:“你不要得意，你为什么给人讲你坏话?”我说:“人要讲我有什么办法，我离开空军到陆军，自问没犯过什么错。”后来我在舟山撤退叙奖名单上，人人有功，而我所报奖的部下也列有名，叙勋表最末一名是我,不是奖,反遭受免职处分,真是气愤。我告诉周总长:“查账我是一毛钱也不差，做事我没有一点错，我对得起你，对得起国家,现在我发誓不穿军装了。”周也很不满,他是参谋总长,但也无可奈何。最初，他拒不派新任的师长来接任。我这师后来调到宜兰担任海防守备，由南方澳以北到基隆，我不得不仍跟他们在一起，从侦察地形、布署防线与督促他们做工事，一班一班的巡视，做得很认真，并准备北防部视察。北部防守司令石觉和根本博顾问到我的防地来巡视，住在师部，夜里，告诉我老先生也被蒙蔽了，不明白真相。在这时候陆总政治部主任蒋坚忍向总政治部蒋经国建议,要我担任陆总政治部副主任,没有成功，这话是一年后蒋坚忍告知我的。

虽然许多人知道我蒙不白之冤，但仍无人为我洗刷，到最后四十五师分配到别的军去。推究起来，我所带的部队原属空军，空军中特别是周至柔上将对我的部队颇有厚望，他以为当时陆军恶习太深，曾对我说:“将来以这师做示范，在台湾练新的部队。”此因他对一些陆军部队失望的缘故。可能他无意中把这种想法泄露出去，自然要引起别人的忌妒，我的被打击和四十五师的被解体都是无可挽回的。幸而我廉洁自持，否则贪污有据，岂不是要被枪毙了。

嗣后，一三四团团长傅西来，升任到军长，军需组长何道锡，升任到“国防部”总政战部预财室主任，迄退休任华视公司会计主任，这两位青年将校，都是被诬的当事者，其才能人格未被埋没，引以为慰。

十六、继续服务

一九五〇年秋，我回到南投去定居。虽然我已脱离部队，但仍继续为军中服务。当各地成立军友社的时候，军友社常务理事兼总干事、战斗团团长和南投县县长、南投县警察局长、党部主委等四个人来找我，请我负责筹备。我在两个星期内就筹备好，开成立大会。我因领“国防部”少将参议的薪饷，此后在南投军友社的服务都是义务的，甚至南投县政各级干部训练及民众组训都请我做讲师。我是国民党的党员，我愿意为党国贡献我的力量。我常到各地演讲，三民主义、军事常识都讲过，负责单位喜欢请我，因为我都是免费服务。

一九五四年，大陈撤退，马祖岌岌可危，本岛百姓正在担心战事逼近，为了鼓舞士气、振奋人心，慰劳马祖前线官兵，中部五县市组织前线医疗服务队，请我担任总领队，祖秉义为医疗领队，他是东北人，曾任少校军医，另有四名医生及五名护士参加。此时人心惶惶，有些队员的家属很不放心，我请他们不要担忧，保证他们平安返台，我说：“我带他们去，部队一定对他们好。”我们在马祖服务了两个月，替马祖军民医疗一万余人次，做了十余人手术。返台时，我们把医疗设备留送马祖军医单位。

此时驻防马祖的部队是六十七军的一个加强团，团长是陈威拿，另外有黄调勋的游击总队。以这样的力量守卫马祖及附近小岛显得有点单薄。此外，我也发现装备、工事不足，民众没有组织等缺点。我返台后便建议当局，第一，加强防卫力量，至少派一个师去，指挥官应派师长以上。第二，工事应加强入地下。第三，装备不能暴露地面。第四，将民众组训纳入战斗组织。这些建议均蒙嘉纳，派一个副军长为指挥官，率一个加强师去驻守，马祖防卫力量加强许多，参谋总长桂永清特为我的建议传令嘉奖。并派总政治部主任张彝鼎邀燕慰劳。

蒋坚忍任总政治部主任之时，感觉到有一件很难解决的问题——改善军人及军眷生活。当时军人待遇过差，有些军眷竟做不名誉的事，老先生知道了很为难过，夫人也很关心。但提高军人生活苦于没有预算，结果是几个单位开会讨论，建议成立“军眷服务处”，推动改善军眷生活的工作。此机构直属“国防部”总政治部，军友社支援，由军友总社总干事兼处长，而以副处长负实际责任。各县市成立军眷服务所，所长由军友分社总干事兼，副所长由服务处派专人。蒋坚忍请我当副处长，并筹备成立。经费每年仅有军麦加工福利金二十四万元。

一九五六年五月，我开始筹备，此时全军眷属有二十六万余人，经费太少，要做的事太多，我必须妥善使用。我拟的目标是辅导眷属生产、就业，创办眷村的托儿所、幼稚园以及医疗服务。她们能生产或就业，收入增加，自然解决了生活问题。

至于子女有人照顾，便可放心去工作，医疗服务减轻军眷的负担。为了达到此目的，首先编组眷村，成立了五百个眷村，甄选村长，我请每一眷村选出一个代表，成立眷村干部训练班，由政工干校代训，而由我督训。此班成立时，蒋经国先生曾莅临训话。

很快地军眷服务处就在各地成立生产就业训练班，生产方面指挥军眷做裁缝、编织、抽纱、发网、手工艺或烹饪，就业方面设打字、护士训练班，小学、幼稚园教师训练班。大部分就在各军眷村设班训练，每班五十人，训练了三万多人。教师训练班则请各师范学校利用暑期代办三个月，招中学程度的军眷受训，结训后请教育厅派任，有二、三千名教员获得任用。护士方面由荣民总医院代训，这医院就用了二百名，各眷村五十六个军眷医疗所所需护士由医师就地取材自训。统计在生产就业训练以后，解决了二、三万人的工作问题，有些军眷比她们的先生收入还好。

关于子女教育方面，成立了一百零六个幼稚园，全部利用女眷做幼稚园的教师和保姆，可以照顾未入学的幼童。

关于医疗服务方面本来最为困难。在我办军眷服务处之前，一九五五年，“总统”和夫人要“行政院”编列八百万元预算作为眷村医疗费用。此笔经费应由军医署动用，但署长杨文达不敢动用。当时军中医疗是以一兵一百元计算，现在有二十六万名军眷，理应二千六百万元经费才够，八百万相差太大，索性不去提用。军医署一个姓黄的科长把这件事告诉我，我军眷服务处本来列有医疗项目，我便办了请领公文，去见蒋坚忍，说：“我要这笔经费，我敢动用。”蒋让我和第四厅厅长刘炯光商议，刘说：“可以去提用，但如何使用要先协调。”最后是参谋总长彭孟缉命令参谋次长赖名汤主持协调会议，军医署署长杨文达也参加，陆海空三军各总部军医处长也参加。最初，大家主张依眷口多寡分配，置于各总司令部备用，我当场反对，我说：“这款控制于各总部，结果是分配到一些能控制药品的大官手里，大官的太太们晚上打麻将，须打 B_{12} 补剂。我反对这样做。应该集中使用，在最需要的地区设医疗所，譬如在台东、花莲，穷乡僻壤，他们生病，连阿司匹灵都找不到，如果有医疗所，能救一人算一人。”当时杨署长提出：医生哪里来，诊所房子在何处？我当即答复：医生于退役军医中甄选，房子问题，凡各眷村能让出一间房子者优先设诊所，结果大家都同意了。我计算经费可以成立五十六个医疗所，便规定附近无医疗设备、户数不少于一百的边远眷村可设一所，规定这村自己腾出一间房子作为所址者可优先设站。此外，我请人事行政局、军医署、及台湾省卫生处派员共同甄选退役军医，颁给他们一张医师合格证，请他们屈就各医疗所医师。如是大专医科毕业者给薪一千六百元，无学历上校医官给薪一千四百元，上尉医官给薪一千二百元，解决了医师问题。护士则就地取材，训练高初中毕业女生为护士，也等于解决了他们的就业问题。关于药品方面，我是向全国各卫生组织、红十字会要，也向制药厂廉价购买，我是找药商们讲好话，说这些都用到生活艰困的军眷，少嫌一点，他们反而自动压低价格，条件是发票上不能过低，以免同行不满，但买一份送一份，有的却是买一送三。红十字会会长刘瑞恒先生也曾大力支助。所以别人怕医疗所办不起来，我却是有人有药，药品充足得很。

一九五六年五月起，我努力推动眷村的服务，各项工作深入到每一个眷村去。到一九五八年，由于联勤军眷管理处正副处长均犯案判刑，联勤总司令黄仁霖要我兼军眷管理处处长，我兼了四个月，把这个处整顿好。黄仁霖主张把军眷管理处和军眷服务处合并，保我当处长。此时王叔铭当参谋总长，把此案否决了。黄仁霖保了五次，他否决五次，黄仁霖去当面请求，王成见太深，说机构可以合并，但是不可用劳某人。后来这两个处合并为留守业务处，而由陈瑞鼎接办。从此军眷服务处的业务便一落千丈了。

我交卸了军眷服务处的职务后，回“国防部”总政治部作战计划委员会当委员。一九五九年，王叔铭下台了，彭孟缉请我当福利总社总干事。过去福利总社藏污纳垢，是产生是非最多的机构。陈“副总统”对我说：“福利总社包庇走私你晓得么？”我说：“晓得。”过去有二十多个摊位是包商包了，他们从香港日本等地公然走私进货。摆在摊位上的还好，另放在秘密装备的像化妆品、钻石、高级衣料应有尽有。总社派有宪兵站岗，但任何单位的调查员都进不去了。摊位老板用钱和女人诱引负责人，真是左右逢源；彭孟缉派我当总干事，希望我加以整顿。

我上任前先面告前任总干事钱祖伦，也是航校五期出身，是我学生，我要他先把账目弄清楚，以免交接时弄得不好看。我一上任就把宪兵岗位撤了，派人和游查组去突击检查，五、六个单位被查出走私货。著名的香港金老板也在内，他找我说情，不要撤他的摊位，钱和女人都没问题，我当然先撤了他的摊位，以后自然没有走私的事了。

我整顿的第二件事是军麦加工，过去每加工一吨军麦福利金是五十元。但面粉厂的利润过高，而且全省七十几家面粉厂只有三十多家能开工，而且开工的厂也不能天天开工，见到军麦和黄豆就抢。我派不同的监察人员去做成本调查，每组报告都认为应提高福利金在一百元以上。我决定每吨军麦加工福利金提高到一百二十元。厂商们听到这消息纷纷找我，有的跑到南投家里，请我不要提高。包军麦加工的大厂商也来讲情，我一概不理。最后有人打电话劝我不要加，他说："加了影响你的前途。你不要钱有人要。"我说："今天枪毙我还是要加，只要钱不放在我口袋我不怕。"想起来在乱世做不得官，要做得正就不知得罪多少人。非常多的人求你，你不答应就得罪了。有些人有求于你，先礼后兵，很难应付。

我担任福利总社的工作很快地使福利金多收四倍，这是全军的福利。不过我有两件事没办成功很感遗憾。第一件是三军俱乐部的餐厅没法整顿。大师傅是官邸来的，过去无论四六或三七分利，他独拿大份的，至于采买等上下其手更不用说了。我觉得太不合理，招标另请大师傅，三七分，福利总社拿大份的。结果那大师傅说："这样，先生与夫人来吃饭安全怎么办？"

我只好屈服，随便他拿多少成了。

第二件是国光戏院无法企业化。我原订计划是使国光企业化，和新生等大戏院竞争。我找片商要好的片子，有片孤星泪，包片要一百万元。我看了，说可以，但上级反对，害怕亏本，结果远东戏院抢去演了三个月，大赚其钱。此外国光还得应付特殊人物介绍的公演，钱大钧介绍复兴剧校公演平剧，他先获得参谋总长的同意，我没有办法，我知道一个戏院要保持固定的风格，不能一下子电影，一下子京戏，又一下子话剧。这样观众就不来了。何况京戏电灯冷气设备、行头等成本高，观众少，不会赚钱。经理王振祖来和我商量，说要演三个月至半年，我说："你能演一个月砍我的手。"结果演一个星期就不行了。另有一次，穆虹要在国光演话剧，我说："会赔本的。"她说："我有钱，愿意赔嘛！"我就是不肯，他竟找了两个小报的记者来找我，骂我，气得我离开办公厅，让副总干事出来轰他们。无论如何，我在短时期内还是无法使国光企业化，沦为二流的戏院了。

我把福利总社整顿就绪后，就转任军友总社总干事。原因为陈"副总统"兼"行政院长"曾下令内政、国防两部要撤销军友社，他认为该社组织庞大，开支浩繁，百弊丛生。现任总干事胡素鸿，机械四期出身，是我的学生，何况我心存恕道，没有整他，照例请他先理好账目，顺利移交。

我在一九五九年八月接任后，为应付陈"副总统"的要求，加以整顿，先将原来各级理监事撤消，另由经国先生指派黄启瑞、张宝树、皮以书、刘修如、傅云、詹纯鉴、王永树、谢东闵等八人为整理委员，黄仍为理事长。正当此时，台湾省政府开省委员会议，决议编列下年预算时，要把原编列在社会处拨给军友社的六百万元预算取消掉。我把这情况报告蒋坚忍、彭孟缉，他们认为军友社仍有保留的价值，要我去找省主席周至柔交涉。我从舟山撤退后见过周一次，以后没去拜访过他。他见到我就猜到我的来意，说:“你来找我做什么？什么事不好做，去做天怒人怨乱七八糟的事？”我说:“是的，不败坏轮不到我来做。因为对政策有好处，对三军对部队都有用，所以军友社还不能取消，我还是要你为此烦心。天怒人怨是人谋不臧，可以整顿的。”他说:“不要吹牛皮好不好，你会做？”我说:“做不好枪毙，过去我跟你没有什么做不好的。”他问我如何整顿，我说:“第一是裁员减政，总社七十多人留二十四人就够了。减政方面是采一条鞭组织，各县市政为站，取消理监事会，免得各地割据，产生问题，而且不介入到地方派系里去。其次财政上统收统支，捐进来的钱放进总社的户头，各县市要花钱，先做好计划，经核准，依据做预算，工作后要检核成果。就这样建立制度,推动业务。”他问:“你做得到？”我说:“做不到枪毙。”他说:“可是预算已通过了。”我说:“只要你不反对就可以了。”他拍了桌子说:“好呀，你渗透到我部下去了！”我说:“他们很爱国。”此时谢耿民是财政厅长，沙德坚是主计处长，我都先去疏通好了，他们说只要周点头，预算没有问题。他说完起身送我出来，在下楼梯时说:“三军托儿所一百万你负责。”我当然答应下来。蒋方良在办三军托儿所，要一百万元预算，从军友社支出是没有困难的。我再找谢耿民，把预算列进去，就这样保留了军友社。

我向周至柔主席立下军令状，不能不大刀阔斧整顿军友社，在制度方面采一条鞭组织，总社设理监事，各县市设站，不设理监事。但总社理监事不能担任业务人员。全社业务人员裁了一百多名，系根据五年来的考绩以及当前业务的成绩和主管意见来决定去留。留下的人员精简了，工作多了，效率提高了。裁去的人员则编名册由中央常会通令“行政院”、省政府、各机关团体优先任用，且给予应得的遣散费，资遣者比照“国防部”退休原则给付。这些改革都获得蒋经国先生的支持。

军友社最主要的业务是劳军，在精神方面发动劳军团劳军或书信慰问，我曾发动过宗教团体劳军，不过无论什么活动或物质的劳军，都需经费；过去并无固定经费，要军友社到处去募捐摊派，引起的问题很多。为了一劳永逸，向政府建议在进出口商申请外汇时，每一美元捐五角台币劳军。不过这件事须进出口商全体会员通过才行，为了此事，我到处奔走，和进出口商总会及各县市分会的大员应酬，妇联总会也出力不少，获得通过，此后这笔三分之一归军友社，三分之二归妇联会，作为劳军之用。虽然劳军有了固定经费，但我对劳军品的购置绝不马虎，唯恐有人造假账以少报多。我公开招标，而且要厂商压低价格。像黑人牙膏一小支只卖二元五角，有的就白送了。厂商们对我都很了解。

我从一九五九年八月到一九六二年三月，使军友社业务健全，筹款充足，劳军活动积极推行，而且每年事务经费都有积余（过去是每月透支挪用事业费）。当然我的作风也得罪了一些人，像刘某人过去是吃定了军友社，经常到军友社借贷，我上任后曾向我推销他的作品劳军，一开口就是要几十万，我当然拒绝了。又像高某人的侄子要我买他的物品，我不答应，自然又得罪了。

一九六一年，蒋坚忍总政治部主任任满以后，继任者到总社来听简报，我报告了当前的组织及业务，他当场说不好，还是过去的组织好，要恢复过去的建置。我说："报告主任，这组织是经国先生指定的。"他马上说："刚才说的不算，不算。"一九六二年，他要我辞职，我就写报告辞职，但这与规定不符，因为总干事系由理事会任免。所以过了一个星期，政治部副主任来说："主任看了你的辞职书，要你向理事会辞，第一要你促成常务理事会的召集，第二通过你的辞职，第三通过陈炳寰接你的任。"这真是为难我。彭孟缉派陈德谋中将来劝我不要辞，而且要作报告上级，我不肯。我是现役少将，不能拒绝上司指示。我原职是作战计划委员，况且每月多拿五百元的交通费，其他非分之钱一概不取，家住南投，两地开支反而赔本，这出力不讨好的劳什子正好顺水推舟而去。勉强去求常务理事来开会，召集人黄启瑞来了，其他张宝树、皮以书、詹纯鉴、王永树、谢东闵、傅云等不来，派代表勉强凑足数开了会，照上级指示的意思通过了。

我离职约半个月，以前裁去的员额又都补足了，但此后每年事务费无节余了，年终无员工福利金分了。又过了五年，罗镇常接任，罗是不要钱的，情况又好转。

一九六三年，我接到中常会通知参加战地政务研究会第三期受训。地址是石牌，主任是蒋经国，他天天与我们在一起吃饭。有一天，他找我谈话，很客气，他一见面就叫“劳先生”，又问起我子女教育，在旁的秘书告诉他说，我的次子劳肇康要出国，他让秘书安排召见肇康。他问肇康要多少钱，肇康说要到旧金山的机票。他给了壹万元，问肇康够不够，肇康说够了，到旧金山就可找事做。他说：“到美国无论进不进学校都要来信。你要学你父亲，不要钱，不怕困难，负责任，能忍辱负重。”我听了这些，觉得几十年的冤屈都不算什么，我清清白白、刚正无私，总算有人了解。但因我年龄较大，他看到我就称“劳先生”，我知道能为他服务的机会不大。有一次，他考虑要我去辅导会当处长，又考虑到我家住南投不方便而罢。一九六九年，退辅会在南投成立联络中心，要找一个将官担任主任，别的县市都找少将做代表，南投找我做，赵聚钰和人事处长拟人选时不约而同的写我。报到人事行政局，人事局驳回，指明要专任的，我已六十五岁了，只肯做兼任的，报了三次，人事局问为何一定要报劳某人，最后还是特准了。我在南投为退伍军人服务五年。我为退伍官兵造福、团结军民，有相当贡献外，在党、政经费均有节余交下任，而于移交时得到颁奖。到了一九七四年因为要去美国才辞职。

附录一：劳声寰先生书面补充纪录

(一) 都安县青年投考南宁中央军事政治学校第一分校经过详情

该分校招生规定，由部队少校级军官以上保送，区分为学员班与学生班，学员班带职薪受训六个月，学生班不论有否军籍，一律受养成教育一年六个月；共招收学员班步兵科两中队，学生班步兵科一中队，政治科、炮兵科、工兵科各为一中队，共约九百余人。校长为陆军少将俞作柏，教育长陆军上校萧樾、政治部主任陆军上校胡朝俊。

都安县青年覃在君即在刘震寰（任桂军总司令驻广州，民十四年冬被革命军消灭）部上校团长覃友松保送下，入学生班步科。另张屏洲、林樊甫、潘孟甲三位（均系桂军干部，陆军速成学校毕业，与李宗仁同学）都安籍之新广西陆军九旅十八团的少校营长（以后编成国民革命军第七军，参加北伐、抗日、“剿匪”），亦保送有：学员班潘仲甲、陆乔云、林维中；学生班政治科黄嘉勋（黄嘉谟先生之胞兄）、黄觉民、周宪斌，工兵科黄卓群，步科韦铁夫、潘幼甲、罗钜福、劳声寰等。我在步科第三队受训时，队长是陆军中校胡良玉（江西人，曾在江西部队当过团长，抗日战争任师长，参加八一三淞沪大会战）、战术教官为陆军上校许廷杰（广东人，曾任粤军少将旅长），均为保定军校毕业，学验均优，教导有方，深得学生信仰，为余从军首度崇拜之人物，至今犹为感念。

（二）受训将届毕业，遭受冤屈，投效国民革命军东路前敌总指挥部

十六年四月底，学校突然将政治队学生黄建华（龙州人）、陈光泽（贵县人）、步兵队钟祖熹（恭城县人，钟祖培旅长之堂弟）及我个人开除。幸得炮兵队同学白济甫（白崇禧堂叔）、工兵队同学白维义（白崇禧之侄）主持正义，向学校当局提出抗议：谓有罪应依法治罪，无罪则不得以莫须有罪名将学生开除，学校当局自知理屈，央白济甫同学电南京白总指挥，派余等往该部队服务，了结这项糊涂措施，并得白总部驻南宁办事处发给之置装费、旅费，买棹下广州，转轮由上海迳趋南京。时革命军克复南京，气象一新，民心士气蓬勃，获得鼓励与安慰。余往总部投效晋谒总指挥，然白总指挥已先一日推进江宁镇指挥部队渡江北伐，当即连夜雇马车驰往江宁镇，总部人员早已知

道我等四人将来投效，特予优待。莅晨，蒙白总指挥召见，健公态度和蔼亲切，先加慰勉，随即口试数理、代数方程式、几何、三角、物理力学等常识，训示："青年将校除钻研战略战术外，对普通科学不可抛掉，仍继续深研，方能发挥军事学原则之极致。"随即为我们介绍卫士大队长黄少立上校，并派在该大队任见习少尉排长。我被派到第一中队李琼（容县人，广西模范营学兵出身，白健公曾在该营当过连长）少校队长麾下。该大队两个手枪中队、一个机关枪中队，士兵中以两广籍为最多，其次为湖南。这个大队约五百人，皆为贴身死士，其战斗力堪抗敌人数团之众，这种死士亲兵之统御，不能用一般制式军队之方法来管理与要求。健公亦曾暗示：我们是青年将校，前途无量的有学养的军官，不可受他们的影响、习染，他们的行为有些不足为训的。这种爱护后进的用心，诚是可感而可范者。

（三）渡江北伐

白总部原来是东路军前敌总指挥部，克复上海，白健公（兼警备司令）推进南京，挥师北伐。时第二路总指挥由总司令蒋公兼任，委由白崇禧代理总指挥，所辖部队为第六军杨杰、第四十军贺耀组、四十四军叶开鑫、三十七军陈调元，及第一军的第一师、第三师（白健公曾指挥这两个师攻克浙江、上海），以上除第六军及第一军两师原属自广东北伐的革命基本部队外，其他各军皆为降军编组者。第二路担任津浦路以东地区作战，以攻略山东为目标。第三路军总指挥为李宗仁，指挥其基本的第七军外，尚有新扩充的十五军及其他数个降军编成几个军，担任津浦路以西地区作战。此时，军事进展颇为顺利，敌人为孙传芳、张宗昌、褚玉璞等部，军纪毫无，民怨沸腾，百姓多自动为革命军带路，提供敌情，箪食壶浆迎王师之情景，所至皆见。而每至一县城镇，必有地方士绅及学校校长，请求派军官到学校演讲三民主义，我曾被派到全椒、六合、泗县、宿迁等县立小学及女子小学演讲，这是革命主义先声夺人，也是北伐成功的主要因素。健公每于出发前必先召询当日行进路线、地形状况、沿途警戒措施之腹案，到达休息地点或宿营地，必先索取警戒部署图，乘马巡视警戒情形，详察附近地形后始行休息，如我等部署欠妥，则予修正，并加解说。常于行军途中，发现实地地形、地物与地图不符时，或遇有地形奇特而关系攻守利弊研究价值者，必召我等加以考问，余常获嘉奖，亦间受训勉，为将帅如此作风，与良师慈母何异？其兵学素养不仅见于大兵团之部署指挥，对于班、排、连、营之战术战斗，亦谨小慎微、精密周到，获得小诸葛之雅号，良有以也。第一线部队遭遇强敌顽抗时，健公必率一部分卫士队，亲临第一线视察，冒险犯难，亲自体察敌情，然后提出有效措施，监督执行。大队部有乘马约二十匹，我等四人常乘骑随侍，学习部队战略战术之运用，得益甚多。

五月十七日督战，贺军克复浦镇，杨军克复界首，俘敌数千，十八日陈军克复全椒，杨军克滁县，十九日向东攻击六合，协助第一路军渡江，健公亲到第一线指挥第一师，二十一日一举克复，第一路军于二十二日全面渡江沿运河北进。五月二十四日，健公奉蒋总司令命令："我军向山东进攻，第一路须肃清扬州、清江以北残敌；第三路沿津浦路及其以西地区，向徐州及砀山截断陇海路……；第二路以主力向台儿庄，一部出清江浦截击孙传芳军残部。"健公命贺耀组军由六合、滁县，直趋临淮关；杨杰军由天长进向淮安、清江浦；陈调元军由明光进向宿迁、睢宁。六月一日，叶开鑫军攻克灵壁，敌逃徐州，二日陈军进占睢宁、高作，敌已先逃。四日叶、陈两军同时到达宿迁，收编孙传芳残部。由四日至七日，又连续攻克清江浦、泗阳、瑶湾，及大榆湾沿运河一带，敌军逃往郯城、台儿庄。健公综合当时情报，知孙传芳主力退集郯城，周荫人、白宝山、冯绍闵各部已退到海州，于是电请第一路军何应钦总指挥速令所部分别由阜宁、大伊山镇兼程向海州追击，而以第二路军的主力直向郯城，一部则向海州。六月八日，我军将海州南方高地之敌击溃，敌退入城，即行围攻。九日晨，周荫人突围而逃，午刻，追到新浦，将其全部缴械。至十一日我叶军进占青口、赣榆，陈军攻占郯城，杨军攻占马头、重庄。此时白总指挥奉到蒋总司令命令："停止北进，准备回师镇压长江中部，"健公于十二日晚下令各军就地集结整顿。

以上自五月十七日起至六月十一日，余追随健公驰驱于各战场指挥督战，迄无稍息。十四日从李庄赴徐州，仅带卫士第一中队随行，因此余乃得随扈，此行为与第三路总指挥李宗仁面商以后战守方策，并于十七日参加蒋总司令与国民军冯玉祥总司令之会议，商讨再北伐之方策，决定冯之国民军与蒋公之国民革命军共同北伐，以攻略鲁冀为目标。二十日偕健公回李庄，健公命令各军向鲁境推进，临沂城之围攻增强兵力，我亦随健公亲临围攻部队指示围攻方策，守城之敌为方永昌基干部队一个师及王冠军一一四旅。二十三日并命叶军对莒县、沂水之敌攻击；杨军向费县、蒙阴之敌攻击，以断临沂之外援，由陈军专攻临沂城经，两日夜之苦战，仍未奏效，仍命围攻部队回原阵地，再谋攻略方策。

六月二十四日，我与黄建华、陈光泽、钟祖熹三同学同奉健公命令，即回上海警备司令部补充团，任新兵训练连长。突闻此讯，不胜怅惘，从此又远隔学习统帅用兵之良机与良师。思念为事业前途，仍应由基层历练做起，升职升级，亦转愁为快也。

（四）上海警备司令部补充团

补充团团长为江西人贺维珍上校，保定军校毕业，营长为江西人陈大庆中校，黄埔一期毕业，新兵半数为广西青年投效北伐，半数为浙江人，共约千余，编成三个营，分驻嘉兴、嘉善、上海龙华三地训练。从七月中旬开始，甫开训数周，健公奉总司令蒋公命令，回师南下。

我三路大军北伐进展入鲁之际，武汉方面乘机大举东下，企图夺取京沪。我三路北伐大军逐次向长江以南转进，以巩固南京、上海根基。嗣后蒋总司令为顾全大局，缓和武汉方面的政治军事压力，辞职引退，由何应钦、李宗仁、白崇禧负责军事。八月初，健公回抵上海，为应当前需要，筹组成立十三军，自兼军长，先将卫士大队与补充团合编成立十三军教导团，团长为广西人彭寿彭少将，保定军校毕业，黄少立、陆汝畴均为上校团附，李琼、黄瑞和、曾标廷均升为中校营长，余被派任手枪连长。（团附、营长，均为卫士大队之大队长、大队附、中队长）。斯时敌军孙传芳、张宗昌、褚玉璞亦乘机占领长江以北地区。自八月二十五日中旬，集中优秀部队，分数路强渡长江，东自镇江以西，西迄南京神策门江岸，皆有敌人踪迹。教导团立即随健公乘铁甲赴镇江，指挥第一军原配属其指挥作战之第一、三两师向镇江以西之敌攻击，李宗仁从南京东向指挥第七、十五军扫除南渡之敌，何敬公自句容指挥所属向北夹击南渡之敌，形成三面包围，配合海军封锁长江江面，完成四面包围之有利的外线作战态势。北伐革命第一军与第七军从两广北伐，以常胜军著名当时，他们为主义为革命而拼死奋战。孙传芳得奉鲁军之协助补充，集结精锐十万之众，强渡长江，企图夺回京沪，志在必得，拼死背水一战。经六昼夜往复冲锋肉搏，终将顽敌拘束于长江南岸、大花山南麓龙潭地区。最后，敌犹作垂死之挣扎，仍据有龙潭水泥厂之坚固据点，可资掩护其整顿。健公为加紧缩小包围圈，迅速达成聚歼顽敌之目的，最后使用教导团担负此一艰巨之任务，为此乃命余亲送作战计划命令前往大花山；与第一师师长邓振铨协调合作，攻略水泥厂，缩小包围圈，达成聚歼敌人之目的。又于八月二十八日下午，余单枪匹马，自镇江火车站总部出发，至下蜀时，即将入暮，尸臭扑鼻，死尸遍野。发现车站月台上有数百友军集结，听长官训话，乃上前请示该部长官，承告为：独立五十八团团长桂永清，苦战一周，方撤下整顿。余请示上山安全途径，承指示天即将黑，你应多向南边寻路登山，较为安全，因经数日搏斗，敌我犬矛交错。我遵其指示，乘黑夜登山，经一夜摸索，拂晓始达山顶，得晋见第一师师长邓振铨，将计划命令上呈。师长阅计划后，立即嘱余随赴瞭望良好之制高点，指示敌我现实态势，谓我军向西及向北进攻，皆为水泥厂之敌所阻，非力除此顽敌，则包围不易完成，并希望加增兵力，来担负专攻水泥厂顽敌之任务。待师长作成笔记报告后，将所得敌情与一切协调，带回镇江。经下蜀车站，时总指挥部已推进到此，余将经过情形报告，健公乃命教导团沿铁路向西攻击，以夺取水泥厂，然后与友军合作缩紧包围圈，聚歼顽敌。我连担任前锋，部队布防于十四师与第一师之间，以铁路为轴线，当面予敌痛击。敌不稍抵抗即向水泥厂逐次撤退过铁路桥，倚厂临小河沟顽抗。我方数度冲上铁路桥皆遭敌火力封锁，颇有伤亡而受阻。上校团附陆汝畴赶到，指示派一排由南侧徒涉绕攻，同时正面猛冲，渠与我即率第二排于路南跃入小河沟，因未曾事先探悉河沟情况，（河宽三十余公尺，深可没顶，）贸然跃下，几遭没顶，不得已仍采取铁路正面强攻，饬重机关枪连挺进，以火力压制敌人，使攻击之步兵排容易通过铁路桥。我方经调整攻击部署，第一排再发起攻击前进，分三、五人一小组交相掩护跃进，由火力炽盛的重机枪连制压顽敌，我第一排终得通过铁路桥，掩护第三排、第二排及第一营推进，展开对水泥厂之攻击，该厂之外围据点皆次第被我团之部队攻下，形成四面包围，我连仍占领该西北侧山坡阵地，以火力掩护第一、二营向左右展开攻击，各营部队仆伏前进，以冲锋枪、手榴弹，向厂房之窗口扫射投掷，奋勇跃冲进厂房内格斗、扫射，卫士大队之老卫士施展其近战之特别专长，发挥其优越之冲锋枪快速炽烈之火力，经一小时许之搏斗，顽敌被歼过半，始行投降。第一、二营与我连攻克水泥厂后稍事整顿，而第三营已先展开向西北面之顽敌压迫进攻。此役我连伤二十余人，第一、二营伤亡约七、八十人，敌被击毙六百余人，俘获三百余人，枪械无算，迫击炮四门。此时我第七军在栖霞山一带将敌拘束于长江南岸，第一军又于龙潭镇两侧压迫敌向长江沿岸溃退，健公指挥之部队又压迫敌向龙潭镇以北地区，截成数段包围，聚歼之势已成，至夜敌终举手投降，我团与友军合围获俘虏三千余人，枪械数千枝、机关枪数十挺、迫击炮十余门；其他地区第七军俘敌三万余人，枪炮无算，第一军俘敌亦近万人，获敌山炮十余门、重迫击炮二十余门、马数十匹，其他轻武器颇多。是役为民国十五年北伐以来最为激烈之战役，孙传芳之全部精锐十数万众，背水一战，企图恢复其五省联军统帅，岂料为我国民革命军之第一第七军聚歼于龙潭地区，创我国有史以来，最大、最猛、最烈的完全歼灭战，亦为国民革命军北伐成败之转捩点。此役能获得如此辉煌战绩，在无统帅指导监督下（总司令蒋公已被迫下野回浙江溪口），若非何、李、白三位总指挥互助合作，不计利害，肝胆相照，实不足力歼顽敌于龙潭。惟我攻击前进中，在铁路南侧见一军官仰卧观看地图，趋前问讯，知为十四师卫立煌师长，他问我部队番号后，怒斥："为何不早来，现在来分战利品？"非常不客气。

龙潭大胜，孙传芳无力再起，张宗昌、褚玉璞不敢再次窥伺南侵，而武汉方面亦震于此役之胜利，不敢再作东进之企图，京沪局面稳定。于此役甫告结束之时，中央特委会在南京总统府西花园召开。特委会会场之警卫，由我连担任，出席的党国元老，频频慰勉我们方自战场入京巩卫之辛劳。会议结束未几，即奉命连夜向芜湖开拔，部队进抵采石矶，方知第十军于长江北岸作战不力，有不轨企图，我团与第七军合力缴其枪械。十四军（赖世璜）于无锡，亦是同样原因，遭缴械。新附革命阵营之各军，自此不敢瞻顾，此革命军申张纪律致胜之所在焉。

（五）投考入陆军军官学校

十六年冬，广东黄埔岛的黄埔军官学校，因张、黄事变，半数学生逃到浙江，浙江省府军事厅收容于杭州，编成两大队。总司令蒋公复职，即命在南京成立陆军军官学校，召回黄埔本校官生入京，派王柏龄、王佑瑜、张治中、徐培根、杨杰十余人等为校务委员，同时将各省各军所办之军官学校一律取消，统将学员生送到南京军校甄试，编为第六期，并招考各部之军官入学受训。

余在第一分校遭受冤屈，致未能完成学业，认为一生之缺憾，乃毅然谒见健公，要求保送投考军校第六期，从头学起，健公闻我有志再事入学，深为赞许，且允带薪受训，并命其侄白勉初同与投考。考试除考普通科学：数、理、史、地及中、英文外，并考军事科学：典范令，及实兵指挥。余以从军以来，数理生疏，乃急到商务印书馆购代数、几何、三角等科之要览，赶急修习，幸笔试各科，均能及格。实兵指挥乃为余之特长，素得长官赞誉与器重者，考试官为工兵上校罗张（保定毕业），下达考试课目为连教练制式基本教练：队形变换、行进步法变换、操枪、阅兵动作等，战斗教练为连接受命令对敌炮击疏开前进等。考试既毕，罗上校以极亲切和蔼态度问我："你的指挥口令、动作、处置状况、态度姿势，极为优良，干净利落，表现沉着刚毅之气质，表演卓越，不像行伍军官，你已具备良好的军事基础，为何还要来投考呢？”我即答称：“我曾在第一分校第一期步兵学生班受训年余，为随军北伐而辍学，因此再来入学。”彼闻此言，即鼓励我学工兵，不必再学步兵了，从此即被选入工兵科，罗上校即为本校教育处工兵科科长。

我编入工兵大队第三中队，队长为张中杰中校（保定军校毕业，河北省人），区队长为吴起舞少校（湖南人，黄埔四期），郭春池少校（河北省人，金陵军官教练所毕业），大队长为张学濂上校（保定军校毕业），政治教官为张九如、萨孟武、陶希圣等。工三队主习科目除一般工兵之架桥、筑城、爆破外，增加有线电、无线电专科课程，分为两班，余被编入有线电班，本队百三十余人即据此而区分为两个区队。终六期工兵在学期间，凡步兵教练，无论基本或战斗教练，皆委由我担当指挥示范演练。

余在南京受训开始未久，革命军改组编成四个集团军，第一集团总司令蒋公兼任，第二集团军总司令为冯玉祥，第三集团军为阎锡山，第四集团军总司令为李宗仁，健公任四集团军前敌总指挥，统率部队自汉口北上，直趋河北省与张作霖部队作战，将张部驱出关外，功不可没。因部队环境改变，人事变迁，带薪取消，余虽无部队原薪，而学校学生津贴，亦可维持，不影响我的学业。迄至民国十八年四月中，总司令部为征讨武汉之变，急需通信部队随总部西征，由二三队区队长郭春池少校任交通兵团有线电话第一队队长，担任总司令部之通信任务，我被抽派任该队排长，提前毕业（六期定于十八年六月中毕业），即开拔赴九江。抵达后，随即奉命架设有线电裸体线路至瑞昌，限一日之间完成，由于士兵未经训练且初次相识，而担任如此艰巨之技术任务，深感沉重，仅能尽力先行示范教导学习，幸好有三数军士，系老班长，技术熟练，服务热忱，衷诚接受我的意见，统率士兵于艰难中勉力以赴，能如期完成任务，乃为余初任通信兵任务之遭遇，差可告慰。

七月复员，自九江回南京。八月广西事变，中央派俞作柏任广西省主席，李明瑞师长、杨腾辉师长奉中央命令率师回桂，李宗仁、黄绍竑、白健公下野。俞作柏主席号召分校第一期同学回省工作，斯时分校一期同学在中央任职者有政治科黄之威（永淳县人，任警卫军少校军械官）、谢代生（南宁县人，任上海持志大学少校军事教官），余与谢代生愿意回桂工作，乃辞去交通兵团排长职。

（六）回广西工作经过

十八年八月中，回抵南宁，目睹桂省境内无论政治、军事、社会等情况皆非常混乱，共产党乘机渗入，正直之士咸抱消极、趋避的态度，余亦有同感。斯时考虑，究应就任何种工作？原来在军事方面熟识之人士，皆已失势，其他方面更为陌生，亲共人士则日渐得势，余乃萌回南京中央奉职之念。为易脱身计，考虑就任以最易脱离省境的地方警政工作为佳，适值省政府命令派一期政治科同学李荫生（龙州人）为龙州警察厅长，征求我担任第一区署署长，余当即应允，前往就任，以该地与越南接壤，容易脱身，正合下意，于九月初即赴龙州警署工作。

龙州警厅下辖三个区署，第一区署辖境最为良好，市区市面较繁荣，郊区临河，有通越南之铁桥一座，两岸风景幽美，河中有舟楫之便，公路直通越南，为水陆交通中心，警局唯一财源之花捐局亦设在此，妓寨楼房，巍然耸立于铁桥头河畔浓荫之中，日夜弦歌不辍，赌场（番摊馆）亦设在邻近，酒楼茶室（烟馆）亦皆杂陈其间，斯亦为县政财源之一。全署员警十人，辖境辽阔复杂，治安维持，颇感费力，而党政人员，常与为难，不得不屈意敷衍，庶免尔后脱离之阻障，乃决意借机往河内观光为由，先行办理出入越南境之手续。在都安中、小学时的同学，闻余在龙州任职，相率前来投奔者有数人，仅录用吴文元（举人吴海秋之次公子，吴举人在都安办国学专修馆，余曾为其弟子）一人为书记。平日与地方人士交往，特加审慎。士绅周藻叔，殷实而无政治色彩，其亲友多为越南土著，经常行商于两国之间，而为最佳结纳之对象。其公子周世雄，为第一分校第二期步科毕业，娇生惯养，藉入军籍以增显其公子之地位，从不就业任事。彼熟知我为分校第一期同学又在南京本校六期毕业，在中央工作回省，极乐意与我结交，因是经常为周府之客人。其父母对我视同子侄，而我经常规劝其勿沉醉于妓馆、赌场，要则摒弃在外一切应酬，疏远一切不当交之朋友，一心继承家业，一心做生意；要做军人就决心离家，投身军旅，择主而事，最好投入国民革命，作三民主义之信徒，创造一番事业，或利用家财殷富，先到日本士官学校深造，再回国投身军旅，皆属可行者，余亦尝数次将此意向周藻叔世伯建议，渠亦甚赞同，惜世雄同学习染太深，难以自拔。

迨至十一月将终，共产党渗入政、军、党、社会，混乱之局面日益显著，余为避免陷入洪流，与当地士绅周藻叔一家包车驰入越南同登（文渊县）。余于八月间，睹南宁局势有负中央之措施与表现，即先报告南京本校，将情况分析，希望仍回京任职，斯时南京学校当局正筹组成立教导团，预计年终可成立部队，今能先入越转粤回京，正当其时矣。与周府长幼一家住其同登亲戚家，数日即到凉山省城游览，得遇在都安中学时之理化教师李心巩（龙州人，日本早稻田大学毕业，彼亦避难入越）。再到京都——河内游数日，并参加周世雄同学在此与其未婚妻甘作棫女士结婚盛典（离龙州前与甘府商妥，携甘女随到，到河内行婚礼），余于是乃与周府道别，迳赴海防，买棹赴香港回粤转京。在海防旅次，巧遇南京本校同期同学白勉初，承告健公在此休养，余即央其带见。健公情态一如当年，慰问有加，余将别后详情一一禀告，勉励我："应作国民革命军三民主义的忠贞信徒，你现在回南京本校工作，这决定是很正确，我现在以在野之身，鼓励你终身为国民党、三民主义牺牲奋斗，我将来也是朝这个方向去奋斗，大家都为实现三民主义救国救民，殊途同归，后会有期。”并蒙赠送回京旅费，却之不恭，受之有愧，老长官爱护后进之情，永铭难忘。

（七）民十八冬回故乡南海小唐

余从军以前，每年或间年常自都安回乡扫墓祭祖，以年轻对世事认识浅薄，民国十八年冬，我回到村中，睹村中父老子弟生活艰苦，教育落后，失业人众，而赌馆林立，风俗仍保持逊清时代之旧习，乃提出改革村政与处理祖产作发展事业以兴学之建议如次：

一、发动劳动服务，整修道路沟渠，住宅周围各户每日清扫，牲畜一律系放，以保持环境清洁。

二、及龄幼童强迫入学，学校增班、增聘教师。（仅有小学一所）

三、祖产每年生息收入，原皆用作春秋二祭，另发给六十岁以上老年及有功名学位之族人奖赠之猪肉。建议将此项无意义之浪费扫除，改作有积极建设发展之事业，如办工厂以收容村中劳工，两得其利；办学校培育人材，奖励升学，等学成回乡服务又可提高智识，发展事业。

四、旧习村中遇有红白事故，全族老幼即来坐食数日，小康之家若堂上有两三位老人或有及冠子弟待婚，为应付此种陋习之花费，一两次就要破产。余主张革除此恶习，改作互助办理。喜事，到祠堂以茶会代筵席，一次完成，既不送礼也不收礼。丧事，大家出力帮助，不送赙仪，不到丧家食饭，仅到灵堂行礼即可。

此建议得小学校长劳次阶、村长劳华二之赞同，召集各房族长到小学聚会，由余详加阐明利弊得失，将来发展远景。能组成改革委员会，研定办法细则，慎选主持人员，及组成管理委员会、监察委员会等措施，惜族中父老皆习于守旧，以为余在外流落，无法谋生，今日回乡企图篡夺祖产，不但不予采纳反而见责，愚昧至此，不胜慨叹与惋惜者再。以余不能久留家乡，急须赴南京任新职，故请托村长校长继续奋斗说服，万望有所改革，造福桑梓。从此余奔走国事，迄未有机会回老家南海小唐及寄籍的都安，数十年于兹，徒寄殷念之忱。

（八）教导四团及教导二师

十八年十二月底，余在小唐家中获陆军军官学校教导第四团少校团附覃异之函，转知学校命我到该团报到，该团驻在浙江余饶五夫营房，催我径往团部。十九年元月初抵达浙江五夫，以余报到迟延，连长职务均为六期同学担任，七期同任排长，今仅余有团部直属的通信排中尉排长一缺，希望我屈就。同期同学均劝我勿就任，以免影响本期地位，我力排众议，以职位大小皆为暂时，要看自己将来工作上的表现，此刻不必计较。上校团长为浙江人李园，一期同学，中校团附为縻藕池（贵州三期同学），团直属迫击炮连连长为戴安澜少校（安徽人，抗日战争中任师长，在缅甸为援救英国盟军，与日军苦战，壮烈成仁）。在浙江五夫兵营训练新兵两月余，即奉命开拔上海，本排奉命驻于劳动大学附近，斯时左翼分子在上海与部分学生兴风作浪，配合冯玉祥军事作乱相呼应，然劳动大学学生与本部官兵观感良好，相处友善。我排驻在学校邻近，每日皆由我带士兵讲课操练，士兵五、六十人我一人担任学术科全套，还要讲授普通小学课程，电磁学、识字、数学、代写家信等等，天未亮即兴起跑步，日间操课无间，日已暮而未得就寝，巡视环境，察看士兵睡眠，计划明日工作，学生们看到我如此辛劳，尤其使他们印象最深也最感动的是——我讲授三民主义择要，国民革命之任务，日本、俄国、帝国主义侵略中国的历史，他们皆围在窗外静听。不但不罢课游行，亦影响其他学校守分；原来上级要我来镇压学生暴动、罢课游行，反而为我的实际教兵经过的精神所感动，化戾气为祥和，为我万想不到的收获。

在上海驻防月余，闻冯玉祥军在南京对岸浦口作乱，是受汪精卫在北平蛊惑阎锡山、冯玉祥反抗中央的先锋。军事委员会蒋委员长下令讨伐，军校六个教导团编成陆军教导第二师，师长张治中，第一旅旅长汤恩伯，第二旅旅长罗铁华（后任旅长关麟征)。我属第四团编入第二旅，于五月初开赴陇海路，推进至河南境内；作第二线兵团，为总预备队，兼警卫归德、马牧集车站总司令部。六月初第四团奉命防守考城附近之贺村，为中央军最右翼防线之突出部，从陇海路北进，占领贺村及其附近构筑工事防守之际，团长李园上校侦察地形时南坠马重伤，职务由中校团附糜藕池代理贺村守备部署。第二营韩湘澄中校（黄埔三期，湖人）守村寨北部，派有力之一部占领寨外北端高地，构筑坚固外围阵地以掩护贺村，寨东由第三营营长杨政民中校担任（广东人，黄埔三期）；寨西及南由第一营中校营长刘子清担任。各营、连间之通信网，由余架设，甫告完成，另自身之作战工事待筑之际，第二营之前进阵地遭强有力之敌火猛攻，敌以重迫炮猛轰阵地，步兵跃进，骑兵绕我阵后攻击前进阵地左右两侧及后方，并紧迫城寨。韩之前进阵地加强连几遭冯军石友三部（步兵一旅、骑兵一旅、重迫击炮一营）歼灭，残部且战且退回寨，致敌人百余追踪趁机冲入城寨，其所属三个连崩溃，幸第一、三营之预备队连将敌扼阻，而我排总机据点与团本部据点，扼制敌之前进发展，第一、三营由左、右夹击，与敌肉搏，方将入侵之敌肃清。恢复城寨完整之防卫，敌遗下伤亡士兵三十余人，为石友三之骑兵旅。至此，我寨外之掩护据点尽失，城寨被敌四面包围，陷于孤立。我团无山野炮，仅有八二迫击炮六门，而敌之迫击重炮射程远、威力大，难以制压，遭敌重炮击三日三夜，村舍多被轰倒，简易之掩体亦难抵抗。第二营韩营长重新整顿所部，恢复其城寨阵地，而其经此次冲击，损失伤亡一个半连，连长二人负重伤，代团长为充实该营员兵建制，将我排士兵半数及卫生连担架兵半数、迫炮连弹药兵、输送连士兵半数，凑成步兵一连，升我任连长，以补其第七连之建制。敌以重炮轰击，百姓伤亡惨重，我团官兵亦颇有伤亡。贺村为主战场，其他师、旅距离甚远，无法支援，惟有固守待援。奋战至第四日，敌炮轰更加猛烈，其步兵大刀队、云梯队，乘黑夜猛冲进犯，第二营各连之手榴弹已用尽而无补充，二营五连之阵地被敌突破，大刀与冲锋枪为近战之利器，我团无此装备，突入人数数百，较三日前突入之敌骑兵步战更加凶猛。经三日夜遭受敌炮轰，官兵虽然疲惫，仍以刺刀与敌格斗，敌冲陷团部据点，代团长糜藕池被俘，我新成立之连尚能坚守阵地，以预备排变换方向与敌周旋，而得左侧之第一营各连尚能稳住之依托。村中房舍火绕烛天，第三营与敌混战于村内外，部分官兵溃退入第一营守区，刘子青营长恐其所部被他营士兵冲入影响，高呼：弟兄们不要退，我是刘营长，我不怕死，会支援你们，不要退！我适在其侧，乃建议突围，尚可保存若干实力，城寨势难恢复，只有此策可行，如同意，我连负责掩护。刘营长见大势已去，接受我的建议，率其所部突围，我连占反面阵地以行掩护，此时天即将曙，幸突围顺利达成，刘营及我连无甚大伤亡。此后代团长被俘，第二营营长畏罪失踪，仅保有我新替补之第七连，第三营伤亡百余人。师长张治中将第二旅旅长罗铁华撤职，以关麟征团长升任少将旅长，重新成立第四团（原四团与补充团合并）。余被调到师司令部参谋处任第一科作战参谋，处长张铎上校、科长覃异之中校。斯时中原大战已达最高潮，兰封正面胶着，我方屡攻不下，冯军阵地深沟高垒，障碍重叠，开我国阵地战之先河。统帅部决策中央突破，正面强攻，集中重炮、野山炮百余门，以五个师连续攻击；第一线突击团队携带云梯、木板、稻草，填塞阵地外壕及攀登高胸墙。指挥炮兵为杨杰将军，集中炮火轰击一点，自黄昏开始至午夜后，步兵师发起突袭，冲至敌前进阵地已大有伤亡，待至主阵地前又遭地雷障碍与敌火力扫射，再进至阵地直前有数层鹿柴、铁丝网与地雷。越过此区，即达其主阵地前沿之外壕，深丈余、宽二丈，壕底有铁三角钉、竹签、铁丝网、地雷、绳系手榴弹等，步兵攻击前进一波一波的前仆后继，以尸身填外壕，以人体触发地雷，覆盖有刺铁丝网，一连数师重叠猛冲，伤亡累累。至天明时，敌主阵地仍屹立未损丝毫，我步兵师伤亡数以万计，炮弹消耗万发，却仍未得手，为我国民革命军北伐以来未尝有过。阵地战乃中原会战开其端，以往之战争纯为野战、运动战，或坚守城池之攻守战而已，此亦革命军军事思想之转变，有如第一次世界大战，法国之马其诺防线在我国重演。

兰封攻守战，亘数月之久，双方胶着之部队几及百万之众，国家元气损害亦甚大。斯时教二师任总预备队，我因任师部作战参谋，有机会见识到这样庞大场面的大战，攻击计划图上作业显示步炮合作协调之规定，步兵师突击团队之装备、队形、行动要领、突入敌阵后之行动方法、继续团队扩张战果之行动指向要旨，一一详细附图说明，等于我进了陆军大学上了一课。末几，我又被师部特务营营长丘之纪中校（广东人，黄埔三期）选上，力挽我去帮他的忙当营附。丘营长一表人才，魁梧英俊，擅书写，一手好字，长诗词，工唱平剧与拉胡琴，口才很好，善与人交，有一见如故之感，特务营专为卫护师长及师司令部，平日均可常到参谋处见学作战学术，于是我乐于接受，从此亦为我工作方向之转捩点，容后详述。

到特务营当上尉营附，时已入秋，鲁冀之局有大转变；阎锡山麾下傅作义攻陷济南后又为中央军收复，平汉路正面粤军向郑州攻击，进展猛烈，冯部之石友三又倒戈，于是阎冯结合反抗中央之势瓦解，中央在中原作战之部队乃告复员，而有余力从事“进剿”江西“共匪”。因“共匪”乘中原内战，不仅在江西老巢扩大，在长江两岸各省山区边界，亦皆成立小规模之“匪”根据地。教二师于十月改为陆军第四师，师长为徐庭瑶中将（安徽人，保定军校毕业），张治中上将仍回任陆军军官学校教育长。第四师下辖两位旅长汤恩伯、关麟征（汤、关两将军“剿匪”立大功以后皆升任师长、军长，抗日战争中皆升任集团军总司令，石觉上将即为汤麾下之名将）开到江西“围剿共匪”。

张治中上将奉命回京，在军校中成立教导总队，聘请德国顾问，陆军改用德制，即于教二师改编第四师之际，以特务营及校本部卫兵队全部，炮兵、工兵团各抽调一部组成之，总队长为陆军少将唐光霁（安徽人，保定军校毕业）、总队附为陆军上校张铎（原教二师参谋处长），步兵第一营营长为陆军中校丘之纪、第二营营长陆军中校张文心（日本士官学校毕业，张治中之胞弟），炮兵连长为炮兵上尉杨希烈（湖南人，黄埔六期炮科），工兵连上尉连长则由余担任，骑兵连连长苏若水中尉（湖南人，黄埔七期），另成立一迫击炮连与特务排一排。十九年冬，筹备处设立于香林寺，我连驻于南门外之普德寺，二十年元月，所有部队皆进驻城内花牌楼三十四标营房，开始改受德式教育，步兵顾问为斯坦茵，于第一次大战时任马克沁重机枪连上尉连长，工兵顾问为垓其第工兵少校。从今始，对我之练兵带兵扎下良好之根基，这要感激总队长唐光霁与德国顾问，唐总队长曾在西北军当过营团长，冯玉祥治军一套，简言之即是要兵而轻官，对营、连排长之管理要求严峻苛刻，稍有疏忽即拳打脚踢，不稍宽恕，经常与士兵接近，探询连、排长之隐私、工作情形、对待士兵态度等等。

每周总队会报，首先询问柴、米、油、盐价格，每月食了多少，每兵每月分摊若干。伙食尾每兵余下若干可分到，锅耙每月存有多少斤？可换回多少钱分给士兵，唐将军他事先在与各连之伙夫及采买士兵召谈时纪录下来，于会报中来考问我们这些连长，连上官兵之年、籍、家庭状况、通信地址，各兵每月寄钱回家多少？都是他考问的项目，一答不出或有错误，即遭痛骂，使人难堪，盛气凌人，使人难以忍受，但在军人不得反上的严峻纪律要求下，只有忍气吞声，检讨自己，遵照唐将军之要求，在士兵身上及连中一切杂务多加注意记忆。连士兵穿裤子卵丸置于左裆，必要求一致；解大便他也在司令台上向全体官兵作示范（厕所便坑不甚高，大便坠下，水粪上冲容易玷污两臀，必须于大便将坠时，将臀部前后左右摇摆，使大便横下粪坑）。士兵中一有不满之处，立刻前去报告总队长，他立刻为士兵出气，如此士兵对总队长敬爱备至，而干部营、连、排长则恨之入骨，这是西北军传统之统御方法。冯麾下之将领多数叛变是有由来。且好施小惠，假仁假义，一识破，丝毫不值，有时令人喷饭，俗不可耐。

对于练兵亦另有其一套，于教育训练方面，除遵照德顾问规定要求外，他另找出时间来训练他所注重的：铁杠、木马、花式刺枪、拳术、大刀。这些项目，他本身做得很好，他年岁长我们十余岁，我们再如何苦练亦难与其抗衡，令人折服。这样一来就把我们这群干部累惨了，而士兵之体力，亦不胜其负累，因顾问要的德式步兵、机枪、工、炮兵之技能操作演练，每日已有八小时以上，再增加这类最消耗体能之技术磨炼，无法承受，致使士兵渐有逃亡，其责任又算在连长、排长身上，且对军官外出限制极为苛严，有眷者，每周一次外宿，晚点名离营，早点名归营（那时营中有两头黑之称），平日外出，必先于卫兵司令室簿中登记出营回营时间，若不登记卫兵司令即是本连之排不允出营，否则立刻打电报给总队长。此种登记簿每日按时签呈，总队长亲自批阅。武装越野赛跑，全员运动，连伙夫杂兵在内，成行军纵队在体育场中跑道上跑万米，十余个连比赛，以时间多少及落伍下来人数多少扣分，作优胜计算依拟。我连是直属总队部，若成绩落在步兵营连之后必遭痛骂。再者我这个工兵连，德顾问要求的主要科目为架桥、筑城（野战工事）、爆破（铁材、木材、坚固混凝土等）、通信（有线电话），本身课业已够繁重，还要求我连对步兵的步枪、轻机枪之运用操作、手榴弹掷远等之要求不得逊于步兵连，这样横蛮不讲理性之要求，只有忍气吞声利用休息时间去演练。我们这样服从卖劲去干，博得德顾问赞佩与合作，经常为我向总队长请假，晚间到他寓所度周末，由其夫人教我跳交际舞，翻译官李光第少校（湖南人，同济大学毕业）亦精此道，斯时交际舞在军中是绝无仅有的，私下秘密举行。清凉山、金陵大学后面是我连的筑城作业场，由顾问指导构筑步兵营的防御阵地之构成示范，秦淮河是我连架桥作业场、爆破作业场，通信作业则在附近之中山公园与体育场内，这些专科作业，训练满期，由学校教育长工兵科长来检阅验收，半年以来受尽苦头怨气，应获回报之时刻到了。教育长、工兵科长看我的官兵对专业技术之熟练、动作迅速确实，连步兵在阵内战中表现更好，新的阵地筑构是纵深的互相支援的火网编成，各种障碍物构筑在规定时间内完成，架桥是列柱桥、轻便桥，如时完成，步兵适时通过良好，爆破作业，对桥柱爆破、水中爆破，均合要求，通信网构成迅速，排除故障迅速确实，这等等的演习耗了一天工夫，使长官连连称赞：劳连长你太辛劳了！而唐总队长此时则将我肩膀一拍：“得，你老弟真有一手，半年来我不知道你干出这么些名堂来。”唐总队长他只知在营中要求他西北军那一套体操技术与管理营规等等，从来没到过我们专科的作业场视察过，其落伍的思想作风，不求新的学术、顽固孤行，但他对我渐次改变稍为温和的态度，措辞没有以往峻刻。

九一八东北事变，全国卧薪尝胆，誓雪国耻，收复失地，全国军人待遇一律打八折，称为国难薪，而我们的训练更为积极。十一月二十日，余在南京与王雪如女士结婚。余妻小我十岁，南京人，曾在女中肄业，半年前，我当同事结婚的傧相，余妻则当女傧相而认识，由各同事之开玩笑而结合，于金陵春饭店结婚，迄今已五十余年矣，为我育五子五女，孝事家母，亲自抚育子女以至成人，皆已成家立业，使我无内顾之忧，余事业稍有所成，实吾妻所赐也。平时对我所部眷属关怀备至，深得所部眷属爱戴与推崇，对我远近亲戚，亦照顾周到，培养晚辈读书做事者亦有八、九人之多，连追随我多年之勤务兵岳庆成（湖北人），亦将其子带到杭州，住在我家，送其读小学。为妇如此贤慧，复尚何求，五十四年膺选南投县模范母亲，实至名归，余亦与有荣焉。

一二八事变，我总队立即集体宣誓出征，誓死抗日。部队开拔系乘火车，但我连属于技术示范性质之工兵连，非单纯一种任务之野战工兵连，依理与事实该分别成立工兵架桥纵列连、野战工兵战斗连、通信兵连，今一连负此数项任务与配属许多器材，并兼任步兵任务，与配属步机（轻机）枪、手榴弹等等，我不得不直率请示总队长要我当步兵抑或普通战斗工兵、抑或专任架桥工兵、或专任通信兵，以便携带本身装备。总队长不加思考的回答说，完全要我担任，所有现用器材武器一起随队出发，不得遗留。身为少将而不知兵种性能及人身体力之负担，愚不可及，争论何用？我即声明在先，请上校总队附张铎为证，只能于战场上担一种任务或将三排分别各担任一种任务，衡量士兵体力、配属输送力量，否则将有误任务。即赴蕴藻滨阵地，我连因所需携带的器材过多，致行军队伍拉长了数十里，总队长睹此实情，乃命我以两排当步兵用，一排当通信兵兼步兵，这样使我如释重负。因教导总队本身即为教育示范组织，无后勤支援编组（卫生、输送……等），难以担任独立作战任务，上级明了这点，所以将总队所属部队分割配属于第五军（军长张治中上将兼任）所辖各师、旅作战。第一营归军部指挥，担任浏河守备任务；我连则归八十八师二五九旅旅长孙元良少将指挥，参加庙行攻守作战，在阵地前敷地雷、设障碍，并作预备队等任务。于防御作战中第一排排长刘中柱中尉阵亡（湖南人，黄埔七期），伤亡士兵十八人。二月中，奉命增援浏河防守，归丘营长指挥，乘夜转进，经罗店直趋浏河时，第一营第一连连长黄旭上尉（贵州人，军校研究班毕业）警戒西泾营。长江南岸遭日寇海军陆队一大队、数艘驱逐舰炮火攻击，官兵奋勇作战，坚守阵地，伤亡惨重，以一连百余人守十余公里长之正面，终被日寇突破，包围浏河镇之侧背，浏河正面遭敌寇兵舰炮击，陆战联队强攻登陆，两面夹击。浏河镇被日炮火燃烧，全镇陷入火海，丘营不支，向南转进时，我连赶到，奉丘营长命令，在镇南占领阵地，掩护该营南撤，逐次抵抗以待后援，丘营得我连之掩护，南撤重新占领阵地之际，奉军部命令全部转进常熟，守备白卯江岸，我连亦逐次南撤至罗店集结。乘夜赶到嘉定，经太仓到常熟，进驻昆城湖南岸之刘里。斯时我妻随战地妇女服务队亦到常熟于刘里会合。

三月中旬，淞沪停战，参战部队逐次复员，我部仍驻常熟至四月中。唐总队长调回学校，朱宗海少将接任总队长。丘营长与我调回学校，入新成立的军官教育总队（即军官高等教育班前身）受训。军事当局鉴于一二八抗日战争得失，亟应改革军制，充实与更新装备，加强部队训练，方能应付国防之需要，这也是顺应此役我留学欧、美、日之军事干部回国参战所一致建议者，党政革新之议，亦在此时萌芽（力行社、复兴社之成立）。当局委甫自德国陆军大学留学回国徐培根、桂永清、潘佑强、杜心如等成立军官教育总队，召集全国现任队职军官轮流受训，研究步、炮、飞（空军）联合作战，革命新军与教育充实军人新精神，总队采取德式军制，总队长为徐培根少将，第一队队长桂永清上校（江西人，德国步兵学校毕业，黄埔一期毕业，北伐时会任旅长）、第二队队长潘佑强上校（湖南人，日本陆军大学、黄埔一期毕业，后任队长阮齐，湖北人，黄埔二期）、第三队队长杜心如上校。学员皆带薪受训，阶级有将官及各级校官，上尉级者仅数人，余是其中之一员。术科为德式，队职中仅桂永清队长在德修习数年，最为熟练，学员中以丘之纪中校及余曾受德式训练教育一年。因此我被派在第二队担任助教。术科由余作示范担任教练，学科则着重应用战术及联合兵种（步兵、炮兵、空军）作战之指挥。第二队战术教官为龙韬上校（黄埔二期炮科、日本士官学校炮科毕业），潘佑强队长亦担任特别讲座。徐培根总队长对学员之战术作业极为重视，学员作业试卷，除教官批阅外，亦经其抽阅批解，战术基本原则笔试于每月每周均有考试，应用战术作业每月最少有两篇，余于是项课程最感兴趣，也最有心得。

学业终了时，举行实兵大演习，分成东西两军，各以实兵演习对抗，由遭遇而一方采防御，另一方采攻击，双方均为一个加强师（附有战车、空军、山野炮、战防炮、高射机关炮、工兵……等），演习日战与夜间战斗，经两日一夜。徐总队长为选拔演习两军指挥官，选定余为东军指挥官，我阶级最低，期别最浅，曾任职务只及连长幕僚当过作战参谋，而学员中将官数员任职多任过副师长、师长、团、营长等。西军指挥官为第二队中校队附唐三山（江西人，黄埔三期）。统裁官为教育长张治中上将，并请老教育长何敬公部长监临。此次演习为我国采德式军制以来，初次演练联合兵种之作战，徐培根将军称之为摩登战术，以往北伐、中原会战、抗日战争，我军没有这种新装备，因此对运用新装备之部队，及复杂之种类，使其性能协调合作、相互配合，发挥其特性力量集中于一点，摧毁目标，歼灭敌人，收获效果最多最大、时间最短，而消耗自己力量最少、伤亡最低。于是附近各军事单位将领，咸应邀来参观这次摩登战斗之演习，我得有此荣誉与机会担任东军指挥官，指挥大部队之作战，逐段表演指挥官状况之判断、处置、命令之下达等等程序，并由统裁官等逐次对我考问。我乘马、乘车，驰驱于京杭国道、汤山一带山野丘陵之中，叱咤风云，煞有介事，以我平日对战术原则纯熟，实兵指挥养成指挥官之坚毅姿态、敏捷之动作与决心坚定之表现，又对状况分析清切扼要，处置得适时适切与命令下达简明确切，赢得统裁官与参观者之赞赏。迄演习告终之时，由余将东军作战经过向全部官兵学员及各级长官作口头详细报告，为余毕生之殊荣。

毕业考试发榜前，总队长徐将军召我谈话："毕业成绩你的分数与李昌龄（山东人，黄埔三期毕业）同学均为八十八分，决先后以战术科为断，应属你拔头筹，论资历李同学为先，拟请你礼让第一名给李同学如何，而奖章奖品两人同样，并列第一？"我表示同意。毕业时已属冬季，民国二十一年十月，学校当局派丘之纪中校回任教导总队第一营营长，彼力荐我担任营附，斯时部队驻在安徽南陵县之大通镇与和悦洲，部队任务为警戒江南各口岸、配合江西"围剿共匪"，需要安定后方，与查察奸宄、绥靖地方，任务繁重。而我等离开这部队已有半年，本质已退化，精神纪律、学术素养毫无，且该营第三连张连长被本连士兵杀害后将连中十余枝步枪带走，窜回皖北，追捕未获，丘营长亟盼我早日到营协助整顿与训练。因此我乃毅然就道入皖。惟余妻怀长女即将分娩，乃托丘营长夫人陈子墦女士（长沙湘雅医学院护理科毕业）照顾我妻，长女佩兰于十月中诞生于南京，为陈子墦女士接生，满月后，随营长夫人一起乘火车到和悦洲团聚。

余毕业时即已知桂永清队长升任教导总队少将总队长，因此彼促请我回教导总队任职。二十二年元月，桂永清到安徽安庆接章履和少将（浙江人，保定军校毕业）任教导总队长，彼就任后一面担任绥靖警戒任务，一面将部扩编成三个步兵团与若干特种兵直属连。在南京孝陵街新建制式的军营，此时我营调驻安庆警卫省府及长江两岸之查察，七月间余升少校营长。八月初桂总队长忽接毛邦初（中央航空学校副校长）电报，征求调用余到该校任区队长，请求同意。桂将军即召余晋见，当面训斥我为何向外活动工作？我不明究竟，亦不认识毛邦初，桂将军谓："我错怪了你。"待我表明态度，始谓此事可能是航空署长徐培根将军，及航空学校学生队长龙韬的推荐所致，并即告诫我："我即日要赴京，今后不论任何人要请你去工作，不得答应，你不能离开教导总队，你前途我会安排。"即召周振强上校总队咐嘱云："尔后有任何电报公文要调劳声寰，一概不准，就是上级命令，也要待我本人回队部处理。"并嘱周上校立刻回电覆航空学校毛副校长不同意调用劳声寰。不到十日之隔，桂将军忽接南昌行营蒋委员长电令："该总队劳声寰速即前来南昌行辕晋见，不得有误。"桂将军即召我将电令示知，嘱我即刻前往晋谒蒋委员长，并嘱你必须请求免调，志愿留营带兵作战。随而我到南昌晋见委员长蒋公。

八月中，在南昌百花洲美以美会行辕晋见，是日召见人员由侍从室安排程序，自上午九时起先召见八位中、少将级将领，最后为我，余在蒋公室外静候，每次召见之人，时闻蒋公怒责之声，多因为部队军纪、作战，或为个人之学术修养等事而遭训诫。不知从何时起，凡委员长召见之军官，必由蒋公亲自询问有关治军、用兵、政治等学识，如对答有误，即遭训诫，随即在侍从室办公厅考笔试。最后轮到召见我，蒋公先观察我的仪态，其眼光锐利灼灼，威仪严肃而慈祥，频频叫请坐请坐，余鞠躬敬礼而未曾坐下，至再三始遵命坐下。蒋公一提起航空学校，即立起握拳击桌，高声地说：“这个学校糟糕！腐败腐败！”随即俯察我的资料，略现笑容，殷殷询问部队驻防情形、训练情形，及平日自修看何种书籍，当即于曾胡治兵语录及孙子兵法抽问数段，我幸未曾答错，之后提及赴航空学校，说：“我今天召见你就是要你去整顿这个学校。”我当时回禀：“我不懂空军学术，不会飞行，我愿在陆军带兵打仗，而且我总队长桂将军也不愿让我离开部队。”蒋公又进一步的训诫：“我不要你教飞行、机械，我要把学生训练养成具有军事思想、军人精神、军人生活、军人仪态。”又说：“你要知道，空军是国家的生命，也是我的生命，今天我把国家的生命、我的生命交给你，而你不认为光荣，还推三阻四？”表示生气不满，我当时立正挺胸昂头诚恳的接受训诫，并立即回禀：“我年轻资浅，未曾体会与认识到这么深远的大事，今天听到校长这番重要训示，我竭诚接受前去，努力工作，为校长分忧。”蒋公听余报告后始现笑容的询问我的家庭状况，并说桂总队长那里我去电命令他准你的调职，迅即前去杭州。我敬礼转身辞出时，蒋公当即叫转回，询问我：“你考试了没有？”我当回答不知有考试，他立即说你到第二厅刘兴厅长那里考笔试，然后再行回营迅速去就新职。我到二厅时已看到先前召见的八位将官在会议桌上伏案做答案，而刘厅长即告知考试科目、试卷陈列桌上，八位将军正披阅地图，即向我询问应用战术作业:“你老弟一定很熟习，请教你该怎样做答案?”我把作业试题一看，是军的决心文，再将地图细察一遍，告知八位老大哥，此题是考军长在这种敌情、我军、友军状况下，地形状态、时间因素等等详加衡量，计较利弊得失，究应采取攻击抑是防御，采攻势又如何措施?采防御又如何措施?为军长的人在此二者选择其一作成决心文作答，或仅在地图上以红色铅笔画几个箭头表示攻防方向位置重点所在亦可。经过我如此解释了，他们就分开作答，我在这个作业以决心文作答，不费上五分钟完成，政治问答四题均为国父遗教，国文试题为《论军纪》，我写了约五百字之文言文，总计不到一小时半，即已先交卷。辞出时，刘兴中将拉我一把问:“老弟，你的考试答案很好、很快，你是不是读过陆军大学?”我答刚从教育总队受训回营未久。他说各位将官在野战部队中离开书本太久，应付考试有点困难。

（九）入空军服务经过

八月十六日，到杭州笕桥中央航空学校报到，蒙副校长毛邦初上校召见，即问我是否晋见过校长蒋公，对学校有什么话说？我答："校长对学校现况很不满，也很生气，要我来协助你整顿。"毛谓以后大家负责尽职，将学校学生管训良好。斯时在校学生第一期百余人（以后改为第二期，将陆军官校航空班改称航校第一期），半数学飞行、半数学机械，编成三个区队管理，区分为两教授班。飞行生约七十余人，四十余人是从陆军官校第八、九、十期中甄选合于飞行条件而来的，其余约二十人是招收高中以上毕业文学生考试合格录取的。机械生亦是招考高中以上的文学生录取的。队长是龙韬少校（原为陆队上校）、队附阙渊上尉（浙江人，黄埔二期，曾在八十八师当过团长，参加过一二八淞沪抗日），他们两位也是比我先来不久，区队长则仅我一人。原来的队职官一年数换，区队长的缺学校保荐，很多经蒋公召见面试然未合格而悬缺，我就是如此唱独脚戏达三个月，至该期毕业，始调升中队长。之后，到杭州城内梅东高桥训练第四期飞行入伍生，第三期入伍生在此等第二期毕业后方升学到校本部，斯时学生队扩大称学生总队，原队长升总队长、队附升总队附，以下是第三期飞行生队、第四期飞行生入伍生队，第四期机械生入伍生队。回忆我初入笕桥所见及我所提出之改革意见与作风，万想不到这样新兴重要的军事学校，校内外学员的风纪皆不佳，军官有陆空之分，但均表现了军人良好仪态，而军佐如文职员、学科政治教官、医务、总务、事务人员，多穿空军制服，未曾经过军训，动作非驴非马，并规定凡是上尉以上，均须担任校值星官，轮到此类官员担总值星，口令、动作、指挥全校官、生、兵上千人之队伍，煞是与人为难，纪念周或集会，队伍横列不成行，除了学生队飞行科军官的队伍穿一律的制服整齐外，其他各处科室的军官佐的队伍，有军装的、中山服的、西装的、长袍、学生服等形形色色，杂乱不堪，这样集会的队伍遇着蒋公来主持典礼或集会，再加上总值星官的文相做武将的动作与报告，指挥部曲，更是使人喷饭。因此蒋公每月莅校即行生气，而且常在杭州市街头路上，看到穿空军制服之文职官员，扎皮带不紧，风纪扣不扣，帽歪戴，蒋公停车询问，又慌张手足无措的双手敬礼，更令他老人家生气，他凡遇此类官员即将车载其带到校本部交当局处置。在校学生方面：学生皆留长发，上学科、上饭厅多不整队，自修室与寝室合一，学生除了去飞行或上课不在寝室外，其他休息时间自修时，多是卧着看书或休息，内务如何整顿？一派松散凌乱的军营，如何养军纪、军容？学生对学科多忽视，因此而有："有飞万事足，索罗一身轻"的谚语。

余睹此况，提出改革要求：①学生一律剪光头；②自修室与寝室分开，规定整内务；③凡上下学科、上下饭厅，都要整队步伐整齐；④学校值星官需由军事学校出身者，或曾受军训及格者，方可担任，全校官佐，除军事学校出身者外，一律接受军事训练，每周八小时，以三个月为一期；⑤未受过军训及格者，不得穿军服，集会时一律穿中山装。经当局采纳，雷厉风行，不三月而全面改观，而我的服务精神更提升得很高，这三个月唱独脚戏不但不觉累，益思如何使同学诚服？因学生所学的、重视的，皆非我之长，我所长的——军事管理、军事训练，是他们最讨厌，唯有以我不眠不休的服务精神，诚挚的爱心耐心来对待。每日我提早一小时起床，先巡视全队内外，再入学生寝室以不侵扰其睡眠立于贪睡懒觉的学生床前，等待起床号一响，立刻将该生之盖被掀开，大声呼叫起来，而全室学生也应声坐起，齐声也叫起来，因此第二期学生给我的昵称“起来”。日间飞行时带队赴机场，将队伍交给飞行教官后，我即利用此时观察学习我欠缺的学识，听教官讲解，体察学生情绪及精神状态。上学科，余亦携书本讲义坐在最后一排听讲，并做笔记，观察学生听讲情形，如有精神不集中、不作笔记者，单独询问与纠正。每晨洗衣工人收集学生换下之衣裤，我是叮嘱彼等先将衬衣裤检视，如有梦遗的将名牌送到我处，我则于当其飞行前询问为何有梦遗，精神如何？有否影响飞行？我还私下向飞行教官提醒该生情形，于飞行时加以注意，以免失事。又于晚间息灯后，必视察全队环境一周后，轻步入学生寝室，踢落被者为之盖好，如发现有未到床上睡觉的任何一位或数位，我就搜察全校内外各处，务将人找到，待其入寝睡定始离开。这是我初带飞行学生的服务态度，是用精神爱心来博取学生的诚服。我以后对各期学生皆本此精神作法，建立了良好之声誉。

民国二十三年三月，第四期入伍结业，第五期接着入校，仍在梅东高桥训练，学生人数比前各期为多，二百五十余人编成五个区队，队附为何亚云少尉（湖南人，黄埔六期）、区队长余雨辰少尉（浙江人，黄埔七期）、傅国本少尉（浙江人，黄埔六期）、马培基准尉（四川人，黄埔八期）、张纯准尉（四川人，黄埔八期）、杨政和准尉（四川人，黄埔八期）。开训后于四月间为学生防疫注射伤寒霍乱疫苗，均皆严重反应，发高烧之际，忽接一名片，知为十八军副军长兼十四师师长陆军中将周至柔将军前来参观，余思我队无兵作仪队相迎，觉得失礼，乃勉强命令学生起床，迅速整饬内务后，全体集合于队部前作仪队以军礼欢迎。后巡视一周始行辞去。到了五月，军事委员会发布命令，派周将军担任航空学校空军上校校长，原校长蒋公则任军事学校总校长。周校长莅任之日，即先驱车前来梅东高桥视察第五期入伍生队，并带随员谭鹏（到台湾后，任基隆要塞中将司令）前来准备接任我队长职，周校长到任，仍如上次整队欢迎，周校长看到学生之阅兵敬礼、注目之动作与精神表现，大为惊奇与振奋，再命作行进、队形变换与操枪等，更为赞叹。即命作成讲话队形，高声地说："教育万能。"之后，嘱我跟随到我队本部，向我询问："一个月不到，我初看你们学生的精神、动作、内务等坏透了，所以今天我准备把你撤换，但是现在一看非常感动，我从未见到如此良好之军容与动作，其中必有原因，为何进步如此之快？请你陈明。"我乃坦诚将月前学生为注射防疫疫苗反应，影响精神动作及整理内务等，表现不好，但我为对国家将领之崇敬，又不得不将学生列队表示欢迎，为保持自尊又不愿声明原因，致有此误会，并无其他原因。从此得到周校长之赏识。

航校学生入伍教育，第三期飞行学生入伍生队，二十二年春成立于杭州市梅东高桥，队长由石邦藩中校担任（保定陆军及空军学校毕业，曾于军校航空班任飞行教官及任空军作战部队队长，于二十一年一二八抗日之役，在杭州与日本空军作战负伤，左臂被打掉，有独臂将军之雅誉）。航校四期飞行学生入伍教育由我担任队长，接驻梅东高桥营房，四期结业升学，第五期飞行学生入伍，仍由我继续任队长于梅东高桥。五期入伍生升学后，学校即仿照美国西点军校每周题行阅兵分列，我所领导之队皆列第一，斯时学校有：三期一队、四期飞行一队、机械一队，我的五期生一队，实习工厂的机械士一队，一共六队。学生队中落伍之队必遭申诫，或将其队长调职，或命我暂对调，叫我将落伍之队加以整顿，不一月此队即获冠军，他这样器重我的做法，使我内心甚感不安，也不易做人，幸好同事们深知我之为人，得到谅解。我到航校来曾向老家军校教导总队调用队职干部十余人，至今数年，学校军事基础已经奠定，乃逐渐将陆军干部遣回陆军，以免耽误其前途。另于已毕业之三期飞行生中选拔沈崇海、郑少愚、张矩祖等任区队长，也可让空军干部历练军队统御的能力，并培养指挥部队之经验。

周至柔莅任复于学生毕业时举行恳亲会，从二十三年冬的第三期毕业时首次举行，邀请每名学生之家长二人前来参加，无论海内外均发旅费，一切食宿、参观事宜悉由学校派车、派员妥为招待。恳亲大会由总校长蒋公——夫人亲自主持，亲为每人一一敬酒，极为亲切。致辞时尝说：“诸位家长之子弟就是我的子弟，他们的事业前途由我负责担当，请大家放心，从今天起，他们已经成为国家空军干部，保国卫民，创立他们光辉灿烂的前途，我敬祝他们的事业成功！请大家一起来举杯敬祝他们的成功，及诸位家长旅途愉快，身体健康！”南开大学校长张伯岺先生的公子张锡祜也是毕业生，亦以家长身分参加，并代表全体家长致答辞。谓：“不到两年的时间，看到了我们原来文弱的子弟，今天已经是雄纠纠气昂昂的革命军官，而且还是一飞冲天的飞将，令我们无比的高兴，无上的感激，这都是委员长领导与全校官长的辛劳教导所成。从现在起我们把我们的子弟交给国家、交给委员长，驱策他们为国家尽忠、为民族尽大孝，洗雪国耻，复兴中华民族，是我们一致的心愿，并祝委员长与夫人政躬康泰！革命成功！请大家共同干杯。”全场情绪激昂热烈，达于高潮。张伯岺先生与蒋公在政治上结合起来，于抗日战争中任国民参政会议长，对国家贡献很大。

第四、五期援例举行，我亦躬逢其盛，并且增加了许多意想不到的麻烦伤感的工作：如接待、飞行表演失事等。接待原本轻轻松松，可是如遇到有飞行失事而其家属已前来参加庆典，接待工作与安排即煞费心神，因其子弟已因毕业前勤练飞行表演时失事亡故，其家长为来看其子弟并参加荣耀的典礼，当局又不能将此不幸消息透露给其家长知道，只能先以演练长途飞行已于先几日到了汉口或南昌，天气不好，无法赶回参加典礼来搪塞，叫我们任接待安抚的人，紧密的随侍，妥善招待，强作笑容，噙着眼泪，待学校一切节目举行完竣，将其家属送到西湖中之大饭店，然后始将失事始末委婉禀陈，尽力安慰后，陪往笕桥学校后面之半山（是航校官生失事停灵之所），看他们子弟之忠骸，若失事过惨，无法整形时，则先为人殓，当其时更费周章来安慰劝导，致送抚恤金（教官尉级二万元大洋、学生一万元），并代办运灵柩回其原籍。

周校长主持校务后，日有进步，建立官、生、兵、眷等之荣誉心。每周末校长亲自检查全校内务外，还要检查醒村眷属各住户之清洁卫生，于纪念周中将各单位内务之优劣提出报告，鼓励并纠正之。

为加强学生精神训练，除秉中央颁布之党员守则全文，及军事委员会颁布三军之军人读训外，并请委员长蒋公订颁空军训条与空军信条，作全校官、生、兵精神教育之中心。并征求校歌，请名音乐家刘雪庵先生作词谱曲，每周末来校教唱校歌外，同时撰谱军歌十数首教唱，振奋军人精神。另亦创导休闲旅游。每年暑假饬全校学生旅行，二十三年暑假指定我领队，带第三期飞行学生队、第四期飞行学生队、第四期机械生队、第五期飞行生队赴沪乘船旅游普陀山，使学生徜徉于太平洋中之名胜古刹，普陀山寺庙林立，古树参天，风景幽美，大寺庙皆建有宾馆，招揽游客，国内及海外富有之人，咸来此避暑，宾馆房间必先于年前定妥，临时前往，不易找到房间。我航校学生旅行队，则以军队露营方式旅游，自携寝具炊具，借各大庙神殿一宿，晨兴卷席扫清，用餐借膳堂，完全军事管理，分组自行活动。于此可资一提者，即某日我行至观音庵前小桥畔，看见数十名学生麇集一起，你推我拉，互嚷不休，原来他们发现电影明星阮玲玉女士，想与她照相。我即以家乡话（广东佛山口音）与阮女士寒暄，代提要求并说明。她立刻说：“是飞将军吗？我很久慕，那真太好了。”特别上楼换装再来照团体照。到了学业结束，这几期学生的毕业纪念册中也穿插有这些镜头。

及学校声誉日隆，为保密防谍计，请杭州警官学校教师来校讲授保防知识与技术，我被选参加，使我增加了一门学识。在此同时，学校当局研究对日作战，发起筹组并设立陆空联络训练班、军队防空训练班，与布建防空监视哨等措施。兹分述如下：

①中国空军对日本作战之研究小组，由办公厅主任兼政训处长蒋坚忍中校召集，由我与金恩心（东北人，东北讲武堂、东北航校毕业，现任学科教官）、侯竞寰（四川人，日本航校毕业，现任学科教官）等数人参加研究。草拟作战计划，每月提出研究心得加以讨论，搜集日本军政、经济情报，加以研判。此又使我对空军学识作进一步之研究与了解，也提供一愚之得。

②我国是大陆海洋兼有之大国，由来以陆军为主，空防毫无，鉴于逊清建设海防之失败，及当今世界各国空军发展神速，大有无空防即无国防之论。我国空军既已稍具规模，与陆海联合作战之训练有其必要，于是由军事委员会命各军师派军官到航空学校接受空军与陆军作战之联络，并兼习军队之防空。第一期召训一百五十人，由我担任队长，并带职受训为学员，为期半年。因我在空军服务期间用心学习，对空军学识已具相当基础，再经此次有系统的结合陆军、防空的综合研究运用，感

到更有心得及创意，结业考试名列前茅，获得积学奖章与挂表一只。这于第四期飞行学生进度届高级阶段，陆军大学派六位第十期毕业学员来校参加四期侦察科受训，斯时周校长又派我担任第四期学生队长，该期学生入伍时我曾任队长，今再统率，驾轻就熟。我请求再与陆大派来受训学员参加该期之侦察科受训外，并利用降级第四期飞行学生杨孤帆（飞行中级结束，因犯飞行纪律，遭降级处分，待五期升入高级阶段，始可加入驱逐科受训毕业）每日驾驶初级教练机，作防空学校学员生训练高射炮瞄准目标射击之机会，随同杨生乘坐其飞机升空，并请其教我驾驶。因为我对飞行驾驶，曾经飞行教官于各期飞行生初级训练时，分班到翁家埠、桥司两机场（笕桥以外之附属机场）之机会，我陪同学生随机前往该场时，由教官教我驾驶，每日往返有数十分钟之机会学习，使我已具初级阶段驾驶之程度。在与杨生作高射炮目标机飞行，高度安全，每日上下午各二小时，学习时间充裕，驾驶初级教练机之时间共有二〇九小时以上，如我两腿不因为静脉扩张，早已获得医务科长冯邦勋之通过，得以参加第三——五期任何一期学生受训毕业，取得飞行资格。周校长亦曾随学生训练之时，由教官带飞数十小时，渠坚决要求自己单飞，教官不得已应允，升空、起飞，在留空时间转弯、平飞，甚好，但降落时就发生问题了，三次降下，于进入机场时，不是过早，就是过迟，在场内教官用旗子指挥不许着陆，因一再加速升空，至第四次方适合下降要求，安全降落，使在场人员皆心惊冒汗，早已准备好了救护车、消防车。从此次以后，他再也不单飞了。校长办公厅主任兼政治部主任蒋坚忍，则是经过正式的手续，带职加入第六期飞行训练毕业，名列前茅，亦是开航校职员带职受训飞行毕业的先河。

③秘密布建防空监视网，配合安全组织所训练之情报无线电人员作监视日寇兵舰、航空器飞行动态。在学校方面派校长办公室书记吴清泉（浙江人），我学生队队附余雨辰（浙江人）到温州、花岛山一带外岛设防情电台（廿六年八月十四日，日本空军自台湾进袭杭州笕桥时，是这两个情报台先行报告，八一四首战大胜的无名英雄）。我国第一次防空演习亦在斯时举行，我也有机会参与笕桥区防空规划与对空作战之演习。并且军事委员会亦正在举行秋操大演习，其假想敌也是以日寇为对象，规模之大，为我国开国以来最大者，分东西两军，皆以一个军团以上编成。西军以巩卫首都，迎击自金山卫登陆入侵之敌，西军司令为宪兵司令谷正伦上将，东军司令为军校教育长兼第五军军长张治中上将，空军参加有作战的各中队外，航校的高级组、中级组也编成部队参加演习，装甲兵学校、炮兵学校、工兵、步兵各学校及陆军官校，编成作战部队参加演习外，官校之教导总队亦参加演习，我则因参加航校观摩小组得前去参观。世界各国大使馆之武官，也应邀参观，日本每年秋操大典，我国也曾应邀派大员参观，这是国际间宣扬国威之惯例。我国这次演习另含有一项考验，即是对国防工事建设规划上之检讨得失，在此次演习中发现了一项惊人的教训：工兵学校练习队少校队长王堂辉（贵州人，在军校六期工三队受训时，与我同

一区队，原名王守明），担任演习攻击军的工兵营，负责演习架设舟桥，适时完成，使攻击部队适时通过。在参观人员及统裁人员依演习计划之时间，咸集架桥点之河岸，欣赏工兵架设舟桥作业及看攻击军之部队以火力压制敌军，使工兵得以从容完成架桥任务，岂料使大家失望的是未曾见到工兵架桥作业员兵器材之踪影，仅看到工兵少校王堂辉直冒汗着急，统裁官陆军大学校长杨杰上将不加审问即以“饭桶”见责，其态度恶劣，出言使人难堪。王堂辉少校竟因此暴枪自戕，以为抗议。他第一枪人已倒下，旋又站起再发两枪，此有作为有志气有血性的青年将校，竟作无谓之牺牲。检讨此事之过失，责任不在王少校，而是攻击军司令官及其以次的前卫司令，不懂运用工兵之过失，此其一。指挥官于决心攻击、部署之同时，军队区分宜将工兵架桥纵列置于前卫本队之直前、前兵之直后，使前兵部队攻击得手之同时，架设舟桥；第二京杭国道路幅仅能通过双向单行车道，路幅不宽，转弯处半径又小，攻击军附属有重炮兵、车战数十辆，运输辎重大型车及骑兵等，甚占路幅，兼步兵以四路纵队之密集队形更占路幅，其人数在万人以上，行军长径又长，而工兵之架桥纵列则置于上列部队之后，舟桥是以大型汽车装载，若其他车辆马匹、人员不极力靠边让载舟桥车畅行通过，则难以超越前进，焉能为所期望之时间内到达任务地点？此其二。为将庸而累死冤死了万千生命外，误国亡国之事大矣哉？负国家安危之军事将校岂不慎乎？这是我参观秋操大演习所见，令人痛心警惕最深的感受。说到此处，我另有一点值得一提的感想，民国二十六年淞沪抗日大战是因日寇在金山卫登陆，我侧背受包围，乃行撤退，而日寇直薄南京城下，未遭我强力抵抗者，乃是我国防工事未能发挥其功能也，亦日寇知敌之明，而避开我设防之处登陆，又避开京杭国道上之坚强工事，而采用就虚，以海军陆战队及陆军乘橡皮艇（有动力）由太湖直趋南京！这也是值得吾人检讨与警惕。

二十五年三月初，将第五期毕业了的飞行学生分发竣事，而航校校长周至柔上校奉命升任航空委员会主任，军委会派陈庆云上校接任校长。恰于周校长离职的前一日，我接到南京丘之纪拍来桂永清将军的电报，征求我随丘之纪到税警总团任中校团附，丘则任上校团长。整顿税警总团为当局早已提出，以时机未成熟耳！现今航校军事基础已固，后继有人，余自奉命参加建设空军之任务已经达成，亦是我该回陆军服务开创事业前途的时候了，乃毅然于凌晨五时直奔周校长官舍，乘渠即将赴南京之时刻，请求其应允准我离开空军。当晤及周校长，将此意报告，渠即谕：税警总团亦亟需人整顿，使国防军统一精神建制，也很重要！盼你将来还是要极力帮助空军。蒙其允准，乃向新校长请两周短假，赴南京晋见桂永清将军。这是我任职空军的第一阶段经过。

（十）任税警总团步兵第五团首席中校团附兼总团军士营营长

税警总团顾名思义即知是缉私的警察，但是各省又有缉私队之设，是专为缉私，均属于财政部。税警总团不分散去担任缉私，而是集结驻防在苏北陇海路东端的东海县附近，其编制、装备、训练等与缉私队有别，而与中央陆军师、团相似，装备则更为强化，人员颇多，训练亦精，待遇更为优厚，唯一不同的就是没有政治部、党部。最特别的是设有励志社，主管福利与体育训练，职是之故，其驻地为国防第一线，其装备优于国防军，力量与国军一个军相埒。在国防作战上着眼，则有统一战术思想、统一训练与统御上之统一要求，于是军委会蒋委员长得财政部之同意，予以改组。第一任总团长为王赓中将，美国西点军校毕业，曾带该总团参加二十一年一二八淞沪抗日之役，第二任为莫雄中将，是国父民初在粤任革命政府时代的宿将，第三任于二十三年接任至今，为温应星中将，美国西点军校毕业，曾任陆军官校宪警班主任。二十五年三月由温中将负责执行改组，当时总团所辖部队，有四个步团、十个步兵独立营、山炮兵营、工兵营、通信营、辎重营、高射机关枪营、迫击炮兵营、教导总队的军官队、军佐队、军士营等。军委会介派原任陆军第二师师长兼陇东段警备司令（设于徐州）黄杰中将接任总团长，仍兼警备司令（延至五月方到任），何绍周少将任副总团长兼第一支队司令，辖步兵第一、二、三团，王公亮少将任副总团长兼第二支队司令，辖步兵第四、五、六团（五、六两团是将十个独立营编成），周学海少将为总团部参谋长，丘之纪上校任步兵第五团团长，劳声寰中校任五团首席中校团附，钟宝胜上校任步六团团长，郭棠中校任该团首席中校团附，新设总团政训处处长为李树冲上校。各团、营均设有政治指导员，原设的励志社仍予保留组织与人员，原有之第一、二、三、四团人员未有更动，第一团团长为赵君迈，第二团团长宋卓瑜，第三团团长刘天绍，第四团团长孙立人，总团部首席副总团长古鼎华少将仍留原职，第二副总团长黎度公少将兼领教导总队，仍保留原职，总团部各处处长，皆保留，何世礼中校参谋原职仍保留（香港何彤之子曾任联合国代表团团长），山炮兵营长贾幼慧上校、工兵营长王之上校、迫炮营长周雁宾上校、通信兵营长陈济力中校及其他各营，皆保原职而未予更动。所谓改组者仅为将独立营编成两个新团，其原来营长职务未予更动，甚至反而提为团附，增设两个支队司令及其本部幕僚，增设政治部及各级人员，并兼负组织党部之任务，其教导总队各队主管，则由新人主持，以下各级官员仍由各团人员中调兼随轮训官兵来队，结业时归还建制。总队组织有军官队队长新派唐三山上校专任，军士营营长第一届由五团团长调兼，第二届由我调兼，军佐队长由总团部派员轮任之，总队德国顾问斯坦茵仍然保留，该顾问于民国二十年与我在军校教导总队同事。由是观之，所谓改组者，可谓为加强组织的功能及强化其训练，促使其与国防军之精神、战术，思想之统一耳，从此即重展我带兵练兵的工作。

二十五年三月中旬携眷赴任，到陇海东段之新安镇就职。第五团第二团附（负后勤任务）为王继武中校，广东人，彼原任独立营营长，韶关讲武堂毕业，为粤军老干部。少校团附为田仲达，贵州人，军校军官研究班毕业，由军校教导总队调来。第一营营长杨某，湖南人，军校四期毕业；第二营营长李高仑，云南人，军校三期毕业；第三营营长张题轩，广东人，粤军讲武堂毕业，亦粤军老干部。余感自己资历较各营长为浅，乃提出自愿下营当营长，请资深营长接我首席团附之职（斯时尚无副团长之职称，事实上即副团长兼幕僚长），但无一愿担任斯职。本团新编成立，又担任绥靖宿迁、沭阳、睢县等县之任务，官兵训练与防务均属重要，团长丘之纪又兼任总团军士营，即将离团赴海州负责训练全总团之军士阶层教育，团长职务由余兼代四个月。本团之训练除遵照常年兵之训练计划，督导各营、连实施外，对军官团之教育亦悉由我负责任教，于团本部成立护士、司号、防空等训练班，轮调各营连官兵训练之。为地方绥靖需要，成立民团干部、妇女等训练班，由各县乡镇长士绅保送其子弟及亲友受训。正当策划次第成立之际，岂料第一营杨营长图谋不轨，蛊惑所部不受团部节制（其原为独立营，组团时，活动当团长未遂），企图袭击团本部将我杀害，将部队带到鲁南沂蒙山区与刘桂堂残部合流，幸该营之连排长均深明大义，不为所愚。其机关枪连长蒋祝三上尉，系我同期同学，于我初到团部时，曾约集本团六期同学聚会过，皆以我来任斯职，为六期同学增光，大家对我甚具好感。蒋祝三连长即乘间借机会离开营地，奔来报告，余告以速先回营，转告其他同事不得妄动，立刻率领小炮连官兵乘汽车直扑该营营部，杨某得讯，慌张潜逃，随集合该营全体官兵训话，赞誉营附以次各连官兵，深明大义，鉴别是非，杨某个人非法行动为国法军律所不容，为革命同志所不取，当即电报总团部予以通缉法办，并请派员接替营长职务，蒙总团长立派朱恺仁少校（湖南人，军校六期毕业）前来接任营长。此不幸事件为余初莅斯职不及两周所发生，使我愈为提高警觉与自省，并在工作上力求表现。

团本部驻新安镇，此地临苏鲁之交，东窥云台东海，西有落马湖、梁山寨，北为鲁南沂蒙峻岭重山，南为两淮，历代为四方杂处之地。水浒传中常记述新安驿与郯城为卖人肉包子的地方，杀人不眨眼的所在，于徐州之东。徐州亦为历代战争必争之地，由此可知，日寇培植刘桂堂建立伪组织于前，而“共匪”建立苏鲁苏维埃红区于后，“剿匪”徐蚌会战，于此区丧师百万，为“匪”数十年经营此区基础之发扬，而赢得胜利良非偶然也。我当局对此区亦极重视，乃在徐州设置陇海东路警备司令部，且驻重兵，云台东海亦驻重兵也。我国民政府自北伐以来，连年战事，地方政经建设无法随军事进展，使奸宄日益滋长，时机一到则配合武力作乱，发挥无比之力量。可见仅军事之成就而无政经建设以巩固其基者，焉能长治久安也，此理甚明。

余代理团长职务，负绥靖此区之职责。由于部队为新领，尤须加强训练以担任国防之重任，深思辟划，又以时不我待，因青纱帐起即为宵小奸宄活动之时，为求打好绥靖地方之基础，必在两个月内与各县自卫队、民团等地方武力，先行协调合作，肃清各该地区之奸宄匪徒，策定相互支援之方。余为争取时效，乃决定以部队训练与绥靖地方相结合，召集各县、乡、镇首长会议，将腹案陈明，令各县乡镇首长提出应如何配合我部与各该地区团队民力，以肃清地区？规划部队演习行经路线、休息地点、宿营地点等，以配合地方团队作清肃奸宄，与召集民众开军民联欢大会，宣布肃奸清匪法令，奖励乡贤等，并恢复烽火台，作通信联络之补助，将会议结果作成训练部队与绥靖地方之计划，以营为单位，另以直属连编成一个单位，由少校团附兼领，共编成四个执行军事行动支队，将三县数十乡镇地区纳入绥靖联合行动之演练，分配各支队担任各区行动路线，依计划推行，期能在青纱帐起前（两个月内）完成。另团本部主办的各项教育训练，亦次第开训。我同时奉命兼总团部教导总队之军官、军佐两队之空军、防空教官，每周各四小时。本团官兵运动大会及军民联合运动会等，待各营靖绥任务完竣，立刻展开。以上各项工作展开后，尚能如期完成。

八月上旬，命励志社干事计划的团运动会开幕，丘团长于此时回团主持，总团部军士营营长兼职，由我兼任。第二届军士营之召集训练在九月开训，余乃摒当前去新浦云台山麓风山营房就兼营长之职。营附总团部派第四团少校团附郑宗周兼任，各连连长步兵三个连，重机枪一个连，皆由一、二、三、四团各介派一员，连附排长均在各团中选派任之，顾问为德国斯坦茵。受训学员皆为各团现任之上中下士官，皆已具有兵员的学识技能基础，且具有领导一班人作业及作战之能力。但因程度不一，战斗原则虽有典范可据，而着眼与方法尚有不一致之处，思想作风，各有一套，因此而有军士营召训之必要；为统一思想、统一战术、战斗、技术等，外并加强基本动作之要求，期臻善美。各该团原本各行其是，美式、中式、日式、德式各有所本。总团聘来德国顾问，则当以德式为基准，因是与斯坦茵顾问策定教育计划，按日实施，我为统一全营干部之言行与思想，利用中午学员休息时间，召集全营干部以一小时之时间做施教前之课目研究，让各团来的干部提出各该团的做法，加以讨论并去芜存菁的融入顾问的要求，沟通观念，使施教管道畅快，不致与顾问、学员间产生隔阂。又营部办公费每月节余三、四十元（一月六十元），我移作奖励干部、学员购奖品之用，及移作加菜金。余将全部时间、精神、财力，投注于全营教育上，因得全营干部学员之合作，训练成绩超前，斯坦茵顾问大为赞赏。这样，就引起了同一个营区之并列单位的嫉视。又总团长上有三个上司：军委会、军政部、财政部，兼警备司令，经常到徐州、南京、上海、平津，其忙碌可想而知。我营开训数月以来，无暇前来视察训话，某日忽奉总团部参谋处电话称：总团长要我立刻去晋见。总团长待我行敬礼后，很生气地呵责我谓：“劳〇〇你对不起我，我把我二分之一的事业交给你，而你竟如此扯烂污——不出操、不上课，一天到晚窝在家里。”我一生从未受到任何一位长官对我呵责过，自从到税警部队后，竭智尽力，从无懈怠，突然遭受如此呵责，顿时肝火上冒，强抑怒火以报告实情。总团长如此厚爱重托于我，而对我毫无考核，也毫不了解我的作为，竟将国家重要部队交给这种了解不深之人，迹近荒唐，对我个人而言，是极大的侮辱，我兼任军士营营长以来，不独正常操课躬亲施教外，且将私人应该休息时间，作召集干部研究施教方法意见沟通，使做法一致、说法一致，期能获得全总团团结一致；为鼓励干部与学员，还将办公费撙节，每月将余款购奖品赏成绩优良者，或用作加菜金，我这样不眠不休的在干，应收的钱不取，一切为部队，如今落得长官这样的辱责，士可杀而不可辱，请总团长立刻召全营干部、学员，与顾问斯坦茵等加以询问，我若沾上不出操不上课的丝毫现象，请立予枪毙，若无应还我清白，又报告以德顾问是外国人，立场超然，可资作证，还我清白。总团长听了我这番陈说，表现出失察与失言的样子，乃肃容予我慰问。军士营训满结业，总团长仍未莅临训话与校阅，我则办了结束赶回团部。检讨这次遭辱，长官因忙于对上联络，忽视部队之管训，又逢我这硬骨头的不懂做官，不会到公馆献殷勤，但勤奋廉洁、舍身革命，毕生奉为圭臬，终生不改，于是乎高官厚禄与我绝缘！

总团部为检阅部队训练成果，举行大演习，请刘峙、卫立煌两将军作校阅官，于二十五年十二月十日在新安镇以东、清浦以西地区举行实兵对抗演习。东军由第四团全部并配属炮、工、战车、航空队等部队编成，由孙立人团长任指挥官，假设敌由连云港登陆，向西入侵。西军由我第五团全部亦配属相等的特种部队编成，由丘之纪团长任指挥官，我是副指挥官兼参谋长。十日晨进入情况，以急行军向连云港挺进，演练部队行进中对敌空军攻击之作战（部队防空），就地征集百辆牛车，组成牛车轮送队，试验牛车运输量与速度效率如何？备将来战时运用之参考。航空队侦察我海上敌舰动态及行进区域。十一日，于清浦附近之丘陵地带演练遭遇战，我团任务为将敌歼于陆上，第四团演练暂时防守待援，于是两军战斗相持彻夜，我团使用预备队及战车、步、炮、飞机联合于拂晓攻击，占领敌阵。正当两军肉搏之际，突然奉命停此演习，各部队立刻集结待命。并召高级干部到统裁部集合，我随丘团长一同到达统裁部时，见刘峙、卫立煌等已到，觉得他们极为忧忡的模样。刘上将立刻宣布领袖蒋公昨夜在临潼遭东北军袭击，目前情况未明，可能被劫持到西安。税警总团全部立刻回驻地，集结弹药辎重在火车站待命，准备向西挺进。我团官兵一闻斯语，异常愤怒，希望立刻向西安进军，讨伐叛逆，拯救领袖。十四日回到原驻地新安镇时即奉命与第四团一同乘火车向潼关进发，十六日我团直趋华阴，第四团守备潼关，斯时三十六师宋希濂部、军事教导总队桂永清部已先日进驻华阴，与东北军接触对峙，我团则奉命从华阴向西警戒至蓝田，迄委员长蒋公出险，我团部回驻潼关，仍对张杨叛军警戒至蓝田，元月中旬，对陇西任务解除，旋奉命转进青岛，归沈鸿烈市长指挥，守备胶东。

（十一）守备胶东

鉴于我国国民经济建设有成，军事统一，新生活运动全国响应，社会建设开展，“剿匪”顺利，内乱敉平，统一之局已定，尤其西安事变更测定我国军民拥戴民族领袖的热烈真诚，世界各国舆论对领袖坚贞谋国伟大精神深表赞扬，日寇深恐我国自强壮大，而致其侵吞中国之计划野心难以得逞，因此对我侵吞之诡计日益伸张。即加派日军，扩大伪军，以伪满与冀东伪组织作根据地，加以扩大，向我平津扩张，挑拨收买旧有军阀残余，作其爪牙，利用内河航行权之便利，其兵舰横行我腹地，制造乱源事件，层出不穷。斯时以平津最为紧迫，青岛、上海次之。青岛市市长沈鸿烈将军，为我国海军宿将，早年曾于东北任海军舰长时于松花江上，用机木船土炮击沉俄舰，获得辉煌胜利，名闻中外，嗣后应任华北舰队司令，其任青岛市长，仍兼舰队司令与监督青市团岛之海军军官学校，当今之马纪壮上将、宋长志上将皆为该校毕业学生，当今海军军官学校，即从该校繁衍至今也。沈市长号成章，湖北人，以逊清秀才投效海军，学识丰富，勤政爱民，谋国最忠，拥戴领袖最诚，沉着勇敢，威而不猛，待人笃厚，清廉耿介，为我所最崇敬者。沈市长自领青岛市以来，日寇军阀流氓，最感头痛，以其深切了解日人之习性、侵略我国之诡计阴谋，其学说情操为当时华北诸军政首长所不及，与其打交道难以讨到便宜，不为威屈，不为利诱，日本大鹰总领事尝言：“沈鸿烈这个人最为难缠。”他获得各国侨民真诚拥护。而日侨对其亦极尊敬，声誉日隆，中央对其倚畀更殷，因命令其担任胶东守备总指挥之重任。

我团奉命归沈指挥，以进驻胶州湾盐场为由，实为防守胶东半岛之重任。二十六年二月初，自苏北沿海进入鲁境，青岛市日本报朝日新闻即刊登头条新闻报导：“中央国防军伪装的税警团，装备精良，军官多为抗日分子，团长丘之纪、团附劳声寰，曾在上海抗日作战，现已由苏北进入鲁东南之涛洛，继续入侵，占领山东，侵夺韩复榘军队之地盘。”日寇这样报导，企图挑拨韩复榘与中央的关系，以阻挠中央势力进入鲁境。但我团长丘之纪已先到济南晋见韩复榘，陈明进驻盐场增强盐务缉私，得其应允。日寇是项挑拨未得售，视我团已将达胶州湾地区，则又改变其宣传，称我团乃系军纪最坏之部队，奸淫劫掠无所不为之土匪，正式向沈市长提出抗议，蛊动其侨民一致向市政府要求阻止我团进驻境内。沈市长应付得宜，我团终依原定计划进驻盐场基地（南自王哥经铁家庄至女姑，直迫四方仓口）。

我军进驻后，先进行构工训练。沈市长每月咸来向官兵训话，勉励勤练战技，报效国家，市长誓与税五团官兵共生死。并赞誉本团官兵纪律严明，地方安堵，四境不惊，特予犒赏。并派其交际科长来团讲解国际礼节。青岛市为自由市，华洋杂处，无明显之租界，各国舰队经常访问，我团在此为中央唯一的精良部队，为青市武装部队之首要，因此外国军政要员，接踵来访，而日本商人三菱、三井等大财团之人员及日谍伪装之商团也混杂其间，以拜访为名，前来察看。国军步兵团少有配属军乐队者，为环境需要，特配属十六人之军乐一队，并备世界各国国旗，各校级军官也增制较好的军常礼服，迎宾酒会，习以为常。而应邀参加市府及各国来访军舰之宴会、酒会、舞会者，日渐频繁，开我国团营级干部参加国际社交之先河，亦沈市长统御属下之高明，也显示我中央军干部学术修养、军威仪态，使日寇畏服，及他国军政人员之重视与礼遇。

嗣卢沟桥战起，胶东情况紧逼，中央极为重视，经常派张治中上将（军校教育长）及王俊中将（步校校长）来胶东面授机宜，严诫不得轻启战端，确保胶东不得求战。然日方在胶州湾内船舰已逾百艘，活动频繁，陆上有海军陆战队一旅、战车一大队、宪兵一大队，胶济路沿线迄青岛市区有侨民二万余人，编成民团数千人，皆有精良装备，其学校、工厂数以百计，皆成为据点，遍布我内陆，飞机场早为日军占用，每日飞机活动日多，其侨民在胶东之资产，估计约值三十亿美元，我方部队有青岛市警察一大队、海军陆战队一大队（舰艇早已开往长江上游）、大专学生组成战地服务一大队、爆破一大队，正规作战部队则为税警第五团。日本总领事大鹰经常刁难沈市长，抗议税五团为国军伪装者，不得驻防胶东，如此有违自由市之诺言。沈市长妥为应付，不为所动。我部自开入胶东，以盐场范围广阔，部队分散，为应作战需要增加机动力量，已蒙沈市长在该市征召七十余辆卡车，配属本团增强机动运输力量。迄上海八一三战事爆发，日寇制造事端，以天主教堂前一名日本浪人被杀，嫁祸于我国军民，提出严重抗议，要我税五团撤出胶东，并责沈市长未尽确实保护日侨生命财产之安全。我当时适在市区，目睹日军制造事件，立刻赶回团部向团长请示，以当今情况迫切，我团虽有卡车输送，但距市区数十公里，且日寇早已据我腹地，客主易势，难以确保安全，若不先据市区要点，则难施展制敌机先，余以为乘此时将部队进驻市区与郊原要点，不必再事迟疑，蒙丘团长采纳，先派便衣部队乘夜占领市内及近郊山头，掩护我全部挺进，一夜之间，青岛市要冲山头，皆为我部占领，直接与日寇部队短兵相接，大有一触即发之势。幸我各营连部队长深切了解任务重要，沉着容忍，控制激情，不轻举妄动。斯时大鹰总领事更提出无理抗议，沈市长已熟知我团确已部署妥适，戒备周详，立刻反责日寇侵我国土，屠我军民，税五团是中华民国军队，驻在中华民国青岛市区还要你日人允许，无理孰甚？大鹰遭此驳斥，以沈市长态度一反平常，大为惊讶，不知所措，声言尔后发生任何严重事件，皆由沈市长负责。沈市长严词驳斥，声色俱厉。而我团早已运用心战措施，平日操练大刀，显示杀日本人砍头动作，宣传如日寇在青岛市开战，我团将以大刀砍日本军民老少妇女的头，破坏其工厂、资财，同归于尽。获得日本军政及侨民的情报，知日侨的确慑惧，尝对其中国邻居要求，如税五团与日军作战，请求庇护他们一家，这样暗中表示的颇多，甚至集会要求日军及上书日皇，不在胶东开战，以保命保产。沈市长获此项珍贵情报，与丘团长研商对策，加紧作战之准备，鼓舞士气，不得稍有松懈与疏忽，加强恫吓宣传："日军如全部撤出胶东，其侨民之生命财产，我政府依国际公法负责保全之。"至于我方防谍工作，自税五团进驻胶东始，沈市长即亲自面告丘团长及我本人云："市政府内，亲日人员颇多，尔后一切军情必须面对面传达，或亲笔密函呈递，不可与市府任何人谈军情。"其海军情报组织严密而有效，此由税五团某位医官及下级军官于娱乐场所夸示军情，为敌我双方侦知，由沈市长将此事告知丘团长，严加约束所属官兵，虽然未曾将我部真实情形外泄，但亦不可瞎吹，且更不应到日本人及有关人员开设的娱乐处所游逛。此时，华北战事日益扩大，淞沪战事日趋激烈，日寇扬言"三月亡华"，一再增兵，两周已过而毫无进展，胶东仍维持相持之局。突然，大鹰总领事面报沈市长，协商军民全撤计划与日寇财产之保护等，沈市长立允所提，住户、工厂、学校、机关皆由市府加贴封条，日寇军民于八月三十日凌晨，留行最后一次降旗典礼后，列队登舰，驰离胶州湾。事后始知，日侨撤离青岛市并不敢径驰回日本三大岛，且禁发新闻，欺骗其爱国人民，是好战的军阀作风。沈市长自大陆逆转来台湾，住台中，其旧属任峦伏山林场场长，多接其到南投水里乡林场招待所避暑，其往返经过南投镇，必稍停留来看我这个老部下，念旧殷情殊为感人。

（十二）参加淞沪大会战诸役

日人自青岛撤退后，我团奉命向东海新浦集中，乘火车驰赴淞沪参加淞沪大会战，为避免日寇侦我部行动，皆利用夜间急行车，于九月三日拂晓抵南翔车站，接总团长黄杰将军命令，归陆军第八师师长陶峙岳指挥，其在电话中强调要绝对服从陶师长，不得怠慢。第八师指挥所在丁家桥，已三面被日军包围，仅其南面至车站尚为我军控制，我带步兵一班、通信兵一班，自车站跃进到丁家桥八师指挥所，面谒陶师长，请示军情与作战要旨。抵达同时，我通信班已与八师通讯网结合，我将陶师长作战要旨报告丘团长：第八师原据守蕴藻滨南岸阵地及其北岸之石驳岸阵地，旬余来，伤亡甚重，除北岸据点失守外，南岸阵地亦被突破，八个零散村落被日寇占领，发展形成包围丁家桥之态势。我团负责将当面入侵之日寇歼灭，恢复南岸及北岸据点阵地，斯时天已破晓，日本轰炸机三十六架凌空而来，我团以丁家桥为轴心，以第一营在左、第三营在右疏开，向前连攻。第二营为预备队，疏散掩蔽于车站附近，以高射机关枪掩护攻击营上空，平射炮归第一营指挥。此时上海郊原秋稻已熟，我团官兵除披伪装网外，并利用稻田分散掩蔽，分段跃进，日轰炸机投轻磅杀伤弹，如雨直下，企图阻遏我团之攻势，经一小时之攻击，进展至丁家桥以北，解除指挥所受包围之威胁，再继续次第攻击各小村落约三小时，罗营正面之敌，逐次向西移动，盖以其轻便桥在第三营的攻击正面之后，斯时发现敌有撤退之迹象，但仍极顽强，反复猛扑，利用战车三辆反扑，其中一辆遭我平炮猛击后不得动弹，其他二辆睹状向后退缩。因日寇在此地区作战，未曾遇有战车防御炮之攻击，及对空高射机关枪之对空射击掩护，今突然遇此有力对手，屡拼均未得手，开始向北窜撤。我第一营于黄昏前攻击一小村落，第一连段连长数度攻击不下，朱营长亲率第二连士兵一排猛冲，遭敌机关枪伤左臂，裹伤再冲，始告克复。南岸阵地则暴露于我火力之下，第一营扫荡阵地内残余日寇之抵抗，第三营越河追击，恢复北岸石驳岸据点，小炮连连长贾铁夫亦于攻击前进中腿部负伤，亦裹伤再战。是役自晨九时开始攻击前进至入暮，全线恢复八师原有阵地，领导第一营在最前锋，便于观察敌情，并命第三营助攻敌侧，命小炮连（步兵装备）助攻与警戒第一营之左侧，使第一营专力对当面之敌攻击，团长在第一营后督战，并与临接友军协调，及随时将战况报告陶师长及黄总团长。我于夜八至十一时巡视全线一周，统计伤亡，指示整修工事，分配防守阵地，指示防御重点，编并部队。而陶师长将其所部尽力缩小防守正面，致使我团担负了近三公里之正面及北岸之据点，况且经一日之攻击作战，官兵伤亡近三分之一，防守蕴藻浜南岸阵地逾二十日之久，日寇虽曾数度强攻，均遭我击退。其炮兵联络飞机一架被高射机关枪击落。

九月下旬，奉命将防守任务交七十八师接替，撤下整补，稍得喘息，又立奉命支援三十六师，归宋师长希濂指挥，守备马桥宅侧防阵地，掩护蕴藻滨正面反攻。我部常利用黑夜突袭敌前哨阵地，颇有成效。我第一线后方稍有荫蔽物体，多遭敌炮火摧毁，因此运用反原则，将迫击炮推进到第一线，妥施伪装，掘深炮位，不独减少敌炮火之攻击，而且发挥意想不到之特殊效果，此种只可偶然尝试，实甚冒险。在此防守二十余日，敌亦曾强攻数次，然皆为我抑制，并击伤敌坦克车数辆，敌飞机不敢在我上空低飞扫射；而我部所守之阵地，日益加强掩盖，交通壕加深，伤亡减少，与三十六师协调合作以火力互相支援，制敌攻势，收效宏大。我阵地经数旬之战斗屹立不动者，乃以我官兵冒死随坍随修，日夜加强之功也。

淞沪郊原河流纵横地面，掘下数十公分即有水上冒，我军阵地无论在任何区域，皆浸在水中，浸水作战固属艰苦，且每日给养均在黑夜进行（黄昏后夜幕垂拂晓前）。有时遭敌炮滥射，补给不上，乃常事也。日常洗漱完全免了，衣裤湿透，着久自干，虱子满身满头，不觉身痒，乃精神所克服，平日有晨昏起睡之交换作息，在战场上不知睡眠与休息为何。任何官兵其两眼通红，注视敌方，擦枪整弹，预备班排，稍可假寐，亘月栖浸于泥泞阵地，还要奋勇与敌肉搏，这是中华民族的铁汉为举世所罕见者。欧美军作战，每两周轮换，而我淞沪之战，除了重伤或死亡，无论将校士卒之任务，皆不得稍离阵地，必与阵地共存亡，团、旅、师、军长、部下伤亡了，予以补充，仍维持原任务作战，唯待整补稍有喘息。

守马桥宅阵地二十余日，奉命转进防守苏州河南岸，将任务交川军郭汝栋师。该师装备甚差，以一师之众却接不下一个团之正面，乃自动火器太少，人多火力弱，我部必待其接替稳定后始行撤下，为此，又多打了一天。自马桥宅移防苏州河南岸，一方面整补部队与装备，一方面构筑防御工事，平射步兵炮及高射机关枪两连拨交胡宗南军部。又上级第二支队司令王公亮少将被免职，以第四团团长孙立人升兼，第一支队司令何绍周少将亦同遭免职，由赵公武少将接任。我团参加淞沪各役战斗，皆隶属友军各师，功则归他人，过则由我团承担，然革命军人以身许国，何计毁誉？可能是因税警六个团及军校教导总队三个团装备相埒，为使全线火力均衡，分别配属第一线各师所致。经几及两月配属他部作战，战力损耗难以估计，原来官兵伤亡过半，所余亦疲蔽不堪，新补充之各省缉私队毫无训练，有形无力。而今以税警总团单独打一个正面，防守苏州河南岸；由总团长兼第八军军长黄杰中将指挥，我团担任防守右自丰田纱厂（第四团守厂及其以西）经周家桥镇——刘家宅——至北新泾。周家桥镇原为我第一线各军师给养所需的市场，热闹非常，而不知前线崩溃，我亲自率一排士兵到镇上劝导收市疏散，毫无效果，乃鸣枪强迫收市。两小时后，为扫清可燃物，避免妨碍我阵地之防守者，市镇房子木造平房或竹棚扎盖者，紧临我防守工事，如敌火击烧，我官兵则难立于工事之内，为此决心将该镇焚烧。各居户在撤离之同时，命士兵用汽油浇烧。斯时，内心之矛盾与痛苦，非笔墨所能形容！

镇守闸北，奋战数月之八十八师亦陆续后撤，经我正面向左翼转移。防守大场之十八师突然溃退（师长朱耀华处极刑），使我部扫除对岸高楼射界及构筑南岸阵地措手不及，不得已命士兵搬取丰田纱厂之布疋、洋纱，浇水堆作掩体，上盖钢板。而敌跟踪扑向我阵北岸，与我前哨警戒部队激战，入暮则稍缓和，北岸之坚固高楼十余座无法扫除（无炸药，以手榴弹数只同爆无效），乃派兵固守以滞敌之紧迫。翌晨，日寇以战车前导，在炮兵、飞机十二架猛炸下，强攻我前哨阵地，激战三小时，我部不支而退守紧临北岸之高楼，再阻敌之前进以至深夜，利用黑夜整补前哨部队固守高楼，拂晓敌仍以战车炮火前导猛攻，及炮兵轰击、飞机轰炸与扫射。又经一日夜之激战，以伤亡惨重，而撤过南岸，至此我南岸阵地皆暴露于敌火之下，隔河激战，敌整日集中火力，企图摧毁我阵地，但我临时工事材料储备颇多，随毁随修，经两日夜之奋勇作战，仍屹立不挠。于激战第五日，敌利用北岸之高楼作掩护，掘对壕通苏州河，架好轻便桥并利用黑夜推入河中，再用优势火力掩护制压我火力，以步兵强渡猛扑我刘家宅之罗营阵地。经两度失陷，仍由罗营长率预备队反复夺回，再次反攻，罗营长被炮火炸重伤，李营长奉命率部抑制敌人向左发展，亦被敌炮轰及飞机轰炸阵亡。于刘家宅西南，朱营长增援罗营右翼，亦为敌火力所阻，仍率部猛向刘家宅反攻，未几亦被敌机关枪击中，再负重伤。团长丘公率直属连向刘家宅正后方反攻，时已深夜，敌遭猛攻，而稍后撤，丘公冲入刘家宅巷内，被敌机关枪击中四枪，壮烈成仁。余得此噩讯，立以电话报告总团长及支队司令，立刻嘱王团附镇守指挥所、张团附监督第一线各连，奋力阻敌扩展。余本人则率预备队仅余之一排，直向刘家宅猛冲，斯时天已大亮，敌集中陆海空火力以阻挠我军之增援与反攻，我率此排分段跃进三、四百公尺，将抵达目的地时，则仅余四、五人跟进，其余数十员兵皆伤亡途中。不得已乃逐次后撤，再作反攻计。是时已届十时，吾乃召迫击炮吴连长、通信连朱连长、卫生连长等，将弹药兵、通信兵、担架兵，凑编成连。于下午一时，余再亲率所部反攻刘家宅，而敌火力猛烈更甚于上午反攻时，屡仆屡起，虽进展将及五百公尺。环视左右亦不及十人，且多已负伤或致不能动弹，不得已亦后撤，再计反攻。回至指挥所，接获兼支队司令孙立人将军手令："步五团中校团附劳声寰着升代团长，仰率所部将所失阵地，务于本日黄昏前恢复，否则阵前枪决。"总团长黄杰中将亦责令我将丘团长忠骸夺回，否则亦阵前枪决。斯时已届下午四时之际，余向驻周家桥镇侧后的第四团第一营情商借兵，晤李营长邦钦，告以赐借一排兵反攻刘家宅，彼云须请示孙团长，然未获应允。我再求助于第四团第三营张营长再平，亦答以须得孙团长之允诺，再请亦未准，经我再三请求，则答谓你们五团的兵哪里去了？我回称多已伤亡，但仍不应允。情急之下，乃以电话报告总团部参谋长周学海少将："我一日来反攻受挫，无兵可用，上级又不赐援兵，何以完成任务？从现在起，劳声寰不再提了，我绝不逃跑，绝不自杀，要死也要杀几个日本鬼，要死在日军之枪口上，完毕。”我报告完了，随即单人执枪从四团三营指挥所直向刘家宅奔冲，这时我始体念到李文忠公尝言：“临事方知一死难”之名句。我猛冲前进约五十公尺，即被张营长所部排长率兵追赶，将我拉回其指挥所，接总团部的电话。周参谋长电话论：总团长已采纳其意见，以我部干部伤亡太多，你绝对不可这样牺牲，请不要太激动，总团部已命令孙团接替五团防守任务，仰我将防务交孙团后，收容残部会同四团及三十六师反攻刘家宅，务将丘团长忠骸夺回，然后整顿所部，作孙支队之预备队。晚六时，回至我团指挥所，电话第一线各营连，将防务交四团，集结于团指挥所后慎妥掩蔽与警戒，我挑选了二十四名精神状态较好的官兵作前导，其余跟进，随四团从刘家宅右侧猛攻，四团一营攻刘家宅正面。经一小时之激战，突入刘家宅内，寻获丘团长忠骸，始撤回四团指挥所报告兼支队司令孙将军，得面谕率所部到虹桥路集结，作支队预备队。待余进驻虹桥路时，则闻孙支队司令负重伤，已送入英租界体仁医院。时丘团长忠骸亦已运到，交副官陈在中（丘团长内兄）用卡车运往苏州入殓，然后运到南京汤山永安公墓安葬。丘团长夫人陈子播女士亦自南京赶到苏州视殓，随灵回京安葬。

我部仍担任支队后援，奋战至日军在金山卫登陆，后侧受威胁，于十一月八日全线总转进，淞沪大会战暂告一段落。原属我团之平射炮兵连及高射机关枪连仍未奉命归还外，其余总计仅二百余人，奉命归五十师指挥，守青阳港掩护其他友军后撤，然后奉命经苏州——木渎镇——常州——丹阳——句容——南京——浦口，到安徽怀远整顿。

淞沪总撤退时，军队民众拥挤，途为之塞；日寇飞机轰炸扫射，军民伤亡甚多，老幼呼嚎，惨不忍睹。余命征来的补给木船十二艘，除载本团辎重、伤兵外，尽量收容老幼妇孺，向南京浦口怀远撤退。妇孺老幼百余人能随我部乘木船转乘火车先已到达安徽怀远，余即向彼等宣称：我部在此整顿再行与日寇作战，诸位即刻乘火车向大后方各地投奔亲友，政府在徐州、汉口等大都市设有难民收容所，可到各该处报到，由政府安置。当即写发难民证交各该民众乘车上路，了却我一番心愿。在怀远整顿时，已届十二月中，即奉命将五团职务交第四团，该团中校团附唐守治任团长，编入第四师，余供职税警团至此而告结束。

（十三）奉召回空军工作

余到税警工作，系由桂永清将军禀承委员长蒋公意旨，介派何绍周、王公亮、丘之纪、钟宝胜及我等数员前往整理。何、王两将军及钟团长于战斗中解职于前，丘公成仁于后，桂将军已知余势难在税警部队干下去，屡电召余回汉口，协助其训练青年。桂将军于淞沪会战中以教导总队长兼任军长之职作战，总撤退回至汉口，奉命设立战时青年干部训练团，团长蒋委员长兼，副团长陈诚将军，教育长为桂将军，总队长为王公亮少将，余任第一大队长。斯时尚未开训，借武昌安徽中学校舍收容管理流亡青年，正在整理编队之际，桂将军接获空军总政训处蒋坚忍将军函，借调余前往该部筹设空军政工联参职务，因是项人材甚难物色，坚求允借调半年，桂将军勉强应允，并面谕随时要你回到我属下工作，不得他去。

二十七年元月一日到职，筹设空军总政训处联合参谋组于汉口江汉关日清公司大楼顶楼，成员三人，分由陆、海、空三军出身者担任；请调用黄绪彪担任空军参谋一职，因其奉派赴欧考察，未能如期到任，海军一缺微调未果，仅余一人独撑联参。事属首创，勉力而为，搜集军事情报与有关单位交换参考、研判，撰写时事指导，参加出征与战后部队之座谈，协助创刊“中国的空军”，建议增辟西南、西北国际陆空通道，增设公路机场等，公余之暇，奉命协助维护空军单位人员之安全，即今所称之反情报措施。当局鉴于自京、沪、平各都市沦陷，数以千计的青年妇女涌到大后方中心之武汉，日谍、“共匪”乘机利用，混杂其间，结交我青年将校以刺探军情，而我空军健儿适投其所好，正当社交，情所难禁，虽于时事指导中一再分析痛陈利害，促使谨言慎行，实难防范。因此，联二（情报）主管部门的同事们多向各方涌来之女青年结交我军人员者，加以侦察。由于此类女青年经常与我军人员聚首之处为舞厅、餐厅、咖啡厅、逛公园、游湖、骑马场……等处所，我联二同仁中，对此项社交技术又多属门外汉，无法接近侦察，同时发现我公余多在此类场所出现，乃报告上级，央我协助其接近目标，以便进行侦察工作。

我为何于此时常到这种场合消遣？乃因我全家大小，老母、妻、二子、一女及外甥女张秀玉等六人，久居杭州市，平日余妻常携一子或一女，随伴我住驻防之所，自卢沟桥战起，余知大战势所难免，即着余妻携长子肇强自青岛回杭州，并嘱抗日战事扩大，杭州危急时，向浙赣路后撤，以广西宜山为目标，朱姑婆与余母交厚，现住宜山，可去投奔，再与都安亲友联络。自淞沪撤退，京、杭沦陷，家人行踪不明。余初莅汉口，即派员入赣转浙寻觅无着落，日间工作繁忙，尚可自持，但于工作之暇，心忧如焚，乃到舞厅排遣及到公共场所观察，可能遇到京、沪熟人探询。今联二同仁为工作需要我在此种场合协助，义不容辞，公私两便。

迄二月底始悉，余母等于杭州沦陷前一日乘火车到兰溪，幸有邻居高致嵩将军家眷作伴（高致嵩，广西岑溪人，黄埔三期毕业，先在浙江保安团任团长，增援淞沪编入八十八师作战，立功升任旅长，守备南京时，阵亡于南京雨花台）。兰溪告急，一同沿浙赣路到南昌，余妻因怀次女佩玉，即将临盆，即住南昌市立医院，幸平安分娩，日寇飞机滥炸南昌城，医院疏散，强迫我妻出院。兵慌马乱，人心惶惶，一家大小何去何从？余母素具男子汉气慨，立下决心，将二男孙交高家祖母随其全家先回广西岑溪，待后联络，以宜山作最终目标。余母及妻携二女到长沙，往寻丘团长夫人（陈子墦女士），便于探悉我与部队之情况。十二月底，遇汽辎营一位好驾驶员，南京人，目睹一家老小落难，怀慈悲之心，报告其主管称：巧遇其亲戚，请允许乘其有空位之卡车到长沙。幸得此善心之助而安全到达长沙。而斯时日寇飞机又临空轰炸，四门起火，各方逃难汇集人众，更形纷乱，丘夫人之兄陈在中原属我部下，其一家长幼，与我家相处颇久，因承其美意，跟随陈府一家租木船两艘，分乘入洞庭湖赴常德南县。陈母为南县人，船行两周始达，待余得此消息时，已届二月终了，余电告约定三月初在长沙某旅社会晤，余到长沙与慈母妻女团聚。立刻搭乘火车至衡阳，购汽车票送一家老小上车，赴桂林转宜山，并电岑溪高府，嘱到宜山相聚，数月压心重担，始行消释，回部全力工作。

斯时正值徐州会战，台儿庄大捷，民心士气为之大振，保卫大武汉之信心益坚，长期抗战之基础已定；陷区物资逐渐西迁，大后方再生之部队亦次第成长，增厚了武汉外围之力量。最高统帅部亦提出长期抗战方略："以空间换取时间，集小胜为大胜"；建立沦陷区游击力量，扩大战争面，分散日寇兵力，因此空军之任务，甚为重要。即必须兼顾陷区，及各战区之联络与补给，担任各战区当面敌人及其后方之状况侦察，配合第一线陆军攻守作战，与掩护大后方上空之安全，深感捉襟见肘之艰辛，但我空军统帅部，竭尽志虑，能担当上述繁重紧急之任务者，实得力于部队训练有素。如常以单机行动，赴沦陷区执行任务，并曾推进至浙江宁波机场起飞，突入日本三岛投掷心战炸弹，安全返航汉口；我战斗机于保卫武汉领空数次会战，击落日机数十架，战果辉煌；又协助湘北会战，获得三次长沙大捷。

空军总政训处为鼓舞士气，创刊“中国的空军”，适时将作战实况报导，表彰英勇善战之空军英雄，并策动武汉各界，慰劳立功部队与人员。且每日必有数批飞机，升空迎敌或远征出任务，兼顾大后方（陕、甘、川、滇、桂）整训补充之飞航人员训练与作战，处处须要政训配合；如精神之鼓舞、辛劳之抚慰、安全之维护、眷属之安置，在在与士气有关，此项工作又必须与有关单位之主管及幕僚作妥善协调，方能遂行其任务。

日寇侵我之初，扬言三个月亡华，如今已逾一年，而愈战愈勇，日寇经数度增兵都未能达成其最初之构想，乃转变以战养战方略，运用伪组织来强化诱降。我最高统帅决心抗战到底，敌亦已陷入我最高统帅之长期抗战谋略之泥淖中矣；敌一再增兵，全力攻略武汉，我统帅部则指导在外围消耗阻挠，达成预定目标，为保存实力乃决计于十月撤出武汉。九月航委会迁驻衡阳，余奉派视察西北五省空军所属单位，负责协调中苏空军人员之合作，并侦防“共匪”渗透，会同航委会科长甄中和、俄文翻译官张楚才、卫生所长裘景仲、励志社兰州区主任张玉荪等四人，共同前往视察。余于九月底自衡阳出发，与上列同仁约定于十月初在西安会齐。某日，余乘平汉路火车经孝感站时，日寇飞机三十六架（十八架轻轰炸机、十八架战斗机）来袭，火车停驶疏散，余下车急趋路侧一小水塘掩蔽，同处者尚有英国路透社记者三人、陆军二十师副师长邱清泉少将等，我等不约而同的向敌机冲来方向之塘边死角掩蔽，敌虽数度改变方向对我等攻击扫射，以我等皆沙场老将，躲避得法，无损毫发，池中水牛则遭池鱼之殃矣。日机轮番轰炸扫射一小时许，始行离去，此次能与英籍记者及邱清泉将军成为难友，实为难得。三英籍记者于敌机轰炸及扫射时不顾危险，摄取宝贵镜头，并具战场军事行动之智识，实为可贵，其敬业精神，诚堪敬佩；警报解除，互换姓名后，彼等到各列车猎取遇难实况之摄影，余与邱将军同车到西安。

（十四）视察西北

我空军在陕、宁、青三省的军事单位，一般业务尚适合当前需要，惟站务设施之后勤支援，犹应加强，视察重点为从兰州以西沿河西走廊迄新疆的陆、空运输各站，我军与苏俄皆同设有机构，协调合作，为势所必须，后勤支援悉仰赖我方。因此本视察组构成，航委会派科长甄中和、医务所主任裘景仲、俄文翻译官张楚材，励志社总社派兰区主任张玉荪（励志社与战地服务团皆为黄仁霖主管，专负责招待外员，各地设有招待所）。苏俄支援之飞机械弹，有空运与陆运，指挥管理设立站所，派专人负责，因语言与生活习惯不同，常有摩擦，及有损国家安全之事者，自兰州站——武威——张掖——山丹——酒泉——玉门——嘉峪关——安西——哈密——迪化——伊宁各地，所见胪陈如下：（一）空军场站设施与人员素质均欠理想，难如苏军所需求者。（二）俄文翻译人员谨懂翻译，对国家尊严与爱国思想欠缺，协助俄员作违法之举。（三）俄军极重视保密与安全；如每架新到站之飞机，降落后停于场边空旷之地，人不离机，待其所属人员前来接应后始行离机，若非其所属人员而欲接近飞机者，必以枪警告制止，其陆运器材械弹车辆抵达，亦复如是。（四）俄国红军官兵教育程度甚低，观其在各站对官兵教育上课，仍教授算术繁分数与代分数。（五）苏俄极重视精神教育与团体合作，政工人员之权威凌驾主管之上。如我视察组每到一站必举行中苏官兵联欢大会，会中双方主管分别致词时，俄方主管必先得政工人员点头允许，方起立致词。余兴时的双方轮流演唱，我方素无准备，且举止保守，致表现贫乏，甚感汗颜；而苏方在歌唱方面，无论军歌、民谣，既丰富又雄壮，且人人会唱能演，完全融合，足见其教育之统一。在兰州初次经历此种难堪场面，我立刻电嘱以后各站，先行练习十数首军歌及数首民谣及其他表演节目，以备开中苏联欢会之用，而该单位于平时晚会亦可应用。一周后抵达武威站时，举行的联欢会尚能勉强应付。（六）我军各站医疗设备虽然简单，尚符合要求。（七）励志社设在各站之招待所，以兰州为最佳，酒泉次之，其他虽然简陋，尚能符合清洁卫生要求。服务主管人员皆曾受高等教育，一切措施颇为得体。（八）鉴于自新疆至兰州之空中交通颇远，虽有哈密、安西、武威等地设有降落场站，然安西以东的航线，常有因气候变化以致偶有于沙漠中失事事件，本组乃决定在嘉峪关增设航站一所，同时有助于开发玉门县之石油矿，便于输送器材与人员。站址设于关城以北之沙漠中，工程容易着手，水源充足，设站极为理想。（九）并建议设立站务训练班，培养站务人才，健全场站业务。（十）建议设立俄文译员训练班。鉴于当初为应付紧急需要，以致招用若干曾在东北旅馆、车站、餐厅等处服务人员，能说俄语者，担任传译，不但对我军无所助益，反被共党利用。故设译员训练班，不仅着眼于传译，对我军事上整体之配合与组织之运用，事属必要。

河西走廊为马步青之防地，较诸青海、新疆两地开放，中央一切措施，皆能自由施为，而该两地斯时尚在马步芳、盛世才管制之下，事事费神费时协调，大体上尚能达成所需，亦为当时特殊之情况。

新疆北路由安西入星星峡，南路由敦煌出玉门关，自古以来多自南路入疆，即所谓“丝路”也。我军令部在安西、敦煌设有情报电台，监视西疆，甘、青、新等省，地大人稀，人民疾苦，地方政治有待改良，经济有待开发，教育有待普施，正当抗日军事紧急，中央政府无暇顾及，余睹如此景况，不胜感慨！

二十八年二月初，视察兰州西古城的驱逐总队，该总队负责训练作战用驱逐机的第三、四、五大队及独立十五中队，及甫自航校毕业之驱逐科学员七十余员。作战部队接收新飞机或整补，均须到此基地受训，其地勤、行政人员均留驻原任务地址，因此总队除飞行训练外，对部队之行政及后勤支援，颇为吃重。况且西古城地处荒原，距兰州市五十公里，临黄河上游之土寨，寨外十数里内无人烟，土寨高三丈，仅东西二门，直径约百十公尺，机场设于寨外东北端，距离城寨东北角仅三百公尺，距东门约七百公尺。站部设于机场东边。机场北边数公里为黄河，东面为土山，距机场约三公里，寨西为入青海之孔道，东北有公路直达兰州，总队部设于寨内，总队长为刘炯光将军。飞行训练极为认真严格，物质补给甚缺乏，极尽克难之能事，然精神奋发，为余视察所有单位最感满意与敬佩者；即以极少数之人员与经费，担任如此庞大的机动部队之训练，与随时出动作战之部队，实属难能。刘炯光将军于此认识，总队附毛瀛初、王星垣，政治指导员曹功锦，大队长徐燕谋、曾达池、吕天龙，独立中队长雷炎均等等，均为极优秀之将校，当时飞机有俄制 E15、E16、德制恒萨、法制地洼丁、美制霍克三，西北沙漠黄尘蔽天，飞机及各项器材保养甚感困难，油弹补充不易，竟能如期达成任务，乃系精神与智慧结合、克服艰辛所获致之效也。

空军系技术军种，飞机性能之优良，固属重要，然仅凭优良之飞机而无地面场站设施与工作人员的适当配合，则后勤支援不适切亦难发挥其力量。故不仅维护保养重要，亦有赖于技术熟练之地勤工作人员，发挥高度之工作精神相配合，始克有济。

（十五）调赴驱逐总队工作

在兰州，与刘炯光总队长晤谈颇为投缘，不料渠未先征得我之同意，已暗中电请航委会将我调到该总队任第三科科长，在余候机飞成都时，始将航委会电令示知，请余即刻到差。余于西安视察时，得同学介绍到胡宗南将军厅下工作，回陆军服务乃早有准备，拟视察告竣，再赴陕西，想不到竟有此意外之阻挠，心甚不快，乃毅然飞到成都，撰写视察报告及辞职书呈递。航委会总指挥毛邦初将军得知此事，立刻召见，不准辞职，仰立刻飞赴兰州，面谕空运大队容大队长派比岂古拉夫机（小型运输机，无武装），送我到兰州驱逐总队，并负领航九架E15机到西古城受训。余初到空军服务，即由毛总指挥报告委员长蒋公允准而来，论及当初委员长之训示，乃不得已接受是项任务。于二月杪，乘比机领航九架赴任，到达南郑上空，正拟命E15机降落加油，发现机场悬挂空袭警报标示，该中队长与余商讨，决定分三批降落，紧急加油，交相掩护。第一批三架加好油升空时，看到东方远处有敌机九架，我三架已加满油之飞机升空拉高，突向敌机攻击，因我机已占高位，且其他六架亦已加油升空，敌机乃仓惶遁去，追逐一程，警报解除，折回南郑休息。下午继续飞赴兰州，到达距兰州五十公里之东古城时，发现兰州空域刮大风沙，决心命令降落东古城飞机场，作紧急安全措施，待九机降落，系妥安全控桩之际，狂风飞沙已到，幸好措置得当，没有受损，亦云幸矣！

我到差之际，获得情报，谓教匪千余人在东古城活动，有向西窜扰动向。部队安全警卫为余主管业务，一方面注意该批教匪之动向，与地方及友军协调情报之搜集，一方面检视担任西古城及本部所属单位安全警卫责任之部队——甘肃省保安团一个连。发现后者人数不足、装备不全，仅有杂乱口径不一之步枪，缺乏训练。负警卫责任之部队如此腐败无能，对本总队之安全，深感忧虑。立刻用电话报告兰州空军第一军区司令部、第八战区长官部、省政府，请增派有力部队来担任本总队安全警卫之任务，同时专呈书面请求。然时间过了一周，均未能获得答复，一再以电话追询请示，始得第一军区司令部主管作战之赵国标，于电话答复称："你们的警卫不必担忧，东古城那批教匪不会来攻击你们，你们不惹他们，他们不会找到你们头上来。"上级单位竟如此颟顸无视，将中华民国半数的空军力量，当作儿戏，因此余更积极重视匪情之发展，同时拟定自卫计划，并责令保安团之警卫连加强训练与严密警戒，并召集城寨保、里、邻长会议，肃清奸宄、清查户口、盘查出入寨之过境人员。余与刘总队长乘飞机亲临东古城至西古城间之山区，侦察搜索匪踪，毫无所获，而据地面情报所示：匪利用夜暗行动，已离开东古城地区，有向西古城进犯之虞（匪不犯东古城航空站与飞机场，乃该机场无飞机停留，无空军飞行人员驻扎，其目的为破坏飞机杀害飞行人员，至为明显）。故余又以书面及电话催促增加警卫，所得答复仍如最初不切实际之答复。

余拟定之自卫计划概要如下：(一）敌情：教匪乃乌合之众，人数虽千余人众，装备仅有半数带步枪、半数执大刀、长矛，无力攻坚。(二）指导要领：将所有人员编成防卫队，分区防守，构成据点，相机互相支援，将报废飞机之机关枪卸下作陆用，以卡车、轿车作战车（守卫机场)。(三）部署：城寨区守备由保安连长率兵两排归王总队附指挥，寨内本部区分为三个据点，第一据点总队本部，以飞行人员编成，由王总队附指挥；第二据点以机械人员编成，由毛总队附指挥；第三据点以行政室、政工室及眷属人员编成，归段秘书指挥，各据点之门窗钉牢或阻塞，利用手枪、铁椎、木棍、大石头等齐上屋顶，固守房屋范围之据点。机场区由余负责指挥，以保安连之一排官兵约二十人、卡车一辆、轿车一辆，作机动使用，利用机场空间，发挥车辆之冲力，以保卫百余架飞机之安全。总指挥为刘总队长，指挥部设航空站部，以电话联络，站部人员编入机场保卫队，机动使用。

余将计划呈奉刘总队长核可，即召集全总队官员开自卫计划检讨会议，由余逐项说明作战方法、战斗要领等，得全体官员同意通过本计划，付诸实施。惟独自飞机上卸下之机关枪，以无脚架支持而无法使用，故飞航员四百余人仅有手枪六十余支，机械员士二百余人亦仅有手枪三十余支，行政人员有手枪十余支，航空站部官兵八人，有手枪四支供运用，以上为余自卫计划中的兵力与枪械。据地面情报显示，教匪已逼近西古城约二十余里，余乃饬保安连严密戒备，注意过往人员，是日仍照常工作与飞行训练，至下午四时许，匪已进距十里，直奔城寨，余又以电话报告第一军区司令部、八战区长官部、省政府，请增加警卫兵力，皆告以“不去惹他们，他们不会来攻击你们”，依然无视。余即召本部各据点之主管、站长、连、排长等会商，斯时已届黄昏，漫天黄沙，更有利于匪之接近与攻击，警卫保安连务坚守城寨，紧闭城门，严守据点，机场外加强巡逻，作战车用之车辆堆置沙包，人员集结实弹以待。迄晚七点半之顷，匪分两路直扑东、西寨门，守寨官兵稍一抵抗，即已溃散，匪登城破门，蜂拥而入，西门同时被匪冲入。李政治指导员奋勇督责保安连官兵抵抗，并与匪格斗于东门城上，被匪以大刀砍落城下阵亡。第一据点之飞行官员闻东门枪战，前往增援，于寨内街巷遇匪，展开巷战，另一部分匪徒冲至总部本部门前时，卫兵弃枪而逃。飞行员周培恭拾起卫兵之步枪连发五弹，数匪倒地。其后继之匪仍蜂涌前扑，周员以刺刀格斗，奔上城垣，匪用长矛直刺，周员膝盖被刺伤翻落寨外。照相组长刘锦涛发现总部大门洞开，于正门前遇匪冲来，以左轮手枪连发数弹，数匪倒地，匪不敢再冲，刘组长将大门关闭。与匪作巷战之飞行员因弹药用罄，匪则人数众多且刀枪并用，乃且战且退，上城垣翻出寨外，幸无伤亡。从西门冲入之匪，以办公室据点紧靠城门，且李指导员到东门督战而未予关闭，为匪轻易冲入，段棋新秘书及照相员与匪格斗，段员被大刀砍面部倒血泊中，照相员中弹阵亡，匪搜掠室内，将公文撒乱满地，箱中钞票未被取出，屋顶之我军人员仍以手枪与铁条拒匪上屋顶，而得安全。大部匪徒围攻第二据点时，因该据点指挥官毛瀛初依计划奋战不懈，布置周密，匪徒围攻数小时而伤亡数以百计，该壕点毫无损伤。匪在寨内搜杀两小时后，重新整顿，向机场进攻。在机场未进入作战前，寨内情况均在电话中得悉，并知保安李连长带其两排官兵向兰州退却，临阵逃亡，放弃守城官务。余立刻以电话报告第一军区司令部、八战区长官部、省政府，将本寨战况陈明，飞机场目前虽安全，匪可能即来进攻，请速派有力部队支援，当即皆答复已派杨德亮师步兵一营，乘汽车前来支援。夜十时顷，匪徒大队集体猛扑站部，守兵人少，退入机场，站部陷落，匪徒随即向机场集体冲来，斯时黄沙渐散，视界良好。我指挥之二十步枪以齐放抑制，每放一次，匪徒即应枪声而倒十余人，匪恃人众仍继续前冲，余乃命步枪兵上卡车、轿车，稍作后退，让匪冲来，乘势以车辆直冲并发射火力，匪徒震骇惊逃，退出机场，盘踞站部顽抗，余再度以两车火力猛冲，匪遂逐渐退出站部，奔回城寨，搜杀我军人员。余将站部电话线搜寻接好，恢复与寨内三据点及兰州三上级单位联络，然兰州援军仍未见踪影，与刘总队长商量结果，大家均以飞行人员比飞机重要，绝不容匪徒在寨内搜杀，乃分兵乘卡车，由余与保安排赖排长向城寨反攻，直冲东门，匪顽抗至再，终被我官兵冲破，匪徒向西门逃窜，并将俘获之飞行员杨元丞绑走。余入寨门即登城寨大呼我军人员迅速回各据点集中，饬保安官兵在寨内寻匪徒，关闭城寨，斯时天已破晓，而援兵一营之卡车始姗姗而至，向西追赶。在寨内与匪徒巷战因弹尽援绝而退避寨外之飞行员，亦陆续回队，发现尚有数位飞行人员未归。彼等躲避于山洞中，闻我队飞机飞行训练之声，知匪徒已被击退，始行奔回队部。此役除政工人员李指导员与照相员二人阵亡外，段秘书负重伤，周飞行员负轻伤，飞行员杨元丞被俘后于途中脱逃，返抵队部。此役我飞行员及飞机无严重损失，实为万幸，而匪徒伤亡百余人，保安连官无伤亡，但连长李某临阵弃城逃走，省保安处将该犯员绑到寨外枪决，本部警卫换由杨德亮师部队接任。检讨此役，实属上级三单位对匪徒背景、动向研判错误所致；该匪徒盘踞寨内，不搜掠钱财而以杀害飞行人员与破坏飞机为目的，事有蹊跷，经事后追查知其背景系日谍之第五纵队，属内蒙冀东之伪组织。余不敢居功，荣获航委记功颁奖，亦为余对空军作战部队维护安全，尽一点微劳而已。

于五月间，本极正常的飞行训练，忽然失事频传，几经检讨，查系人为之过失。在精神生活方面，于抗战期间，任何人皆不敢企求如在杭州、上海、北平，有那么舒适的物质或精神环境。在伙食上，已尽可能做到营养、可口、卫生的境地，常得兰州各界与友军之赞羡。各种食用、娱乐品，皆从苏联或中东买来，八战区女政工队亦常来劳军，并有高尔夫球场和跳舞场的设置。战时边区有如此精神粮食供应，实应满足，岂知问题出在生理需求无法满足，据航空医官刘锡恭检查飞行员之身体，发现飞行失事人员多生性病，致影响生理精神。解决办法除实施性教育、防治性病措施外，并协调允许我军飞行人员公开玩妓，区分需要者为四组，每周日轮派一组前往兰州南关乐户（百数十间）游玩。这样面对现实来解决问题，虽未遭到上级之责斥，却不得各级飞行官员眷属之谅解，只有置之一笑。

二十八年八月中，我与刘炯光总队长同时调到成都簇桥空军士校，刘任教育处长，我任学生总队长。原任总队长陆军少将张仕贤曾在东北军当过旅长，其作风与黄埔、笕桥精神大异其趣，更张学生管训方法，况且空军新尝试建立飞行军士制度，能否适应国家社会背景的考虑欠周，贸然仿效苏俄、日本军制，致实施效果不彰，故最后仍改为军官制度，将教育期延长，称为官校特别班，试行制度始告结束。

二十九年春，蒋委员长偕夫人莅校视察，见学生面色与体格欠佳，召余谈话，关心学生健康与营养。学校成立以来，学生待遇一仍其旧，物价上涨数倍，致造成营养不良，蒋公希望每位学生每天能喝到一磅牛奶，即征求夫人之意见，可否将遗族学校所养之奶牛数十头转交给士校养，使学生每天有牛奶喝，夫人称士校学生众多，那几十头牛仅十来头生奶合量，其他产量不多，遗校学生人少，尚感不敷，士校学生十倍于遗校，平均分配不够所需，留在遗校尚可勉供未成年之学生，若给士校仍解决不了问题。研讨结果，蒋委员长训示我研拟计划养奶牛，供学生饮食牛奶，我建议在未达成前，增加伙食费，饬航空医官研拟依飞行人员所需营养量，以实物为基准，方不致受物价上涨之影响，亦即是空勤伙食之开始。如此学校当局派我到华西大学观摩学习养奶牛并撰拟养奶牛计划，以所需经费庞大且需时颇久，加诸从欧洲购入奶牛，因海口沦陷，无法运到川西而作罢。

二十六年八月十四日，我志航大队（第四大队）在杭州笕桥上空创下六比零之辉煌战果，因此航委会在二十九年定是日为空军节。第一届空军节，成都区空军单位在士校联合举行盛大庆祝，地面阅兵分列、空中分列式、飞行特技表演、定点落、空靶及地靶射、对地面目标轰炸等项比赛。下午于大礼堂举行化装舞会，余领导开舞，为空军首创公开举办化装舞会之创举，中外嘉宾数百人参加，极一时之盛。

我空军当局鉴于德国用垂直包围以战车席卷欧陆，而日寇空军正占极大优势，我大后方之安全需及早策划加强对空作战之部署，由士校将飞行淘汰之学生，改习跳伞，作建设伞兵部队之试验，演习防空及对空作战等，是项任务委诸我来负责，因此在我总队内设跳伞训练队，同时作对抗演习计划，以学校各种教练机假装成敌机空袭成都、簇桥机场，将全总队学生演习伞兵占领机场，向成都进攻，防守部队为二十五补训处之步兵一团，航委会派大员监临，及请成都附近军事首长参观，是为我国垂直作战运用伞兵之嚆矢。

（十六）奉命任空军特务第三团团长兼川西对空作战指挥官

三十年四月间，某日有空袭警报，簇桥机场、成都上空有敌机掠过，其中一架战斗机低飞滑行簇桥机场后再升空，机场警卫部队陆军第二十五补训处步兵团未能及时将敌机击毁，致其从容飞去，为我空军蒙极大羞辱。此事最高当局非常震怒，命撤换部队外，规定："凡敌机来袭，如其着陆轮与机场地面接触而未将该机击落者，枪决该机场陆战指挥官。"并指示每机场设陆战指挥官，由警卫部队长担任之，统一指挥警卫部队，并将场站地面员兵编成自卫队，加强该基地之对空作战力量，以收统一指挥之效。原守备簇桥之补训处之步兵团，由空军特第三团接防，航委会主任发布命令任我为该团团长，并兼任簇桥机场陆战指挥官。余于三十年五月一日到任，该团下辖步兵四个营，每营步兵三个连（每连九挺轻机关枪）、重机关枪一连（六挺）、团部直属小炮一连（苏罗炮四门）、高射机关枪一连（白朗宁六挺），该团除负簇桥机场及其附近空军机关学校厂库之掩护与警卫外，双流、温江、凤凰、新津、邛崃等机场之警卫，亦由该团所属二个营担任。簇桥地区包含红牌楼空军三路司令部、簇桥空军军士学校及所属工厂，簇桥地区由第一营营长吴渊明指挥所属及团直属高射机枪连，第二团新兵连（驻机场南边，归我督训）负责机场之掩护与警卫，防空学校配属高射炮两连（德制三·七公分口径欧利根炮，每连四门），及三十三集团军配属高射机关炮三连，皆由我直接指挥，担任太平寺机场及成都市空域之掩护。我立即训练官兵对空射击技能，以废机为饵，诱日机低飞攻击，预置火网，捕捉攻击。

三十年五月二十日上午八时，据防情报告，有敌机十八架自宜昌起飞，向我川境西进，九时，重庆市已发出空袭警报，而敌机于九时十分已掠过重庆向成都进袭，成都地区已发出空袭警报，我部按照原定计划皆已进入阵地，我乘指挥车带司号长黄益晴巡视机场各阵地，观察所属占领阵地及准备迎战状况，激励士气。九时五十分顷已闻敌机声，东方显现黑点，余仍乘车巡视机场内四周，甫到饵机附近，敌机十八架零式作基本队形在五千尺以上掠过机场上空，至南经双流再折回向北降低高度，变换成一路纵队，绕我太平寺机场上空掠飞。斯时，敌已进我高、中空火网范围，我高射枪炮猛烈迎击，在敌机攻击饵机之顷，即已被我火力击中冒黑烟，继续飞至机场外南边二百公尺坠落，领队木村机毁人亡，敌其他僚机立即分头拉高，脱离机场领空遁去。事后召集本区参战各级部队长，举行作战检讨会议，每战斗单位先行报告是役射击经过，然后讨论战果谁属？高射机枪连、重机关枪连、步兵连皆报告连续密集射中目标，请指挥官裁决，我乃裁决为共同击落日零式战斗机。美中不足者乃是二团新兵连长叶航，自以为敌机坠落于其驻地房子旁边，就不参加检讨会议，先将俘获品拿到成都特务二团团部、旅部邀功，提呈战利品、招待新闻记者，发布战果新闻。其不遵守作战指挥系统处置，又擅自先抢走战利品，翻乱了敌机残骸，有碍我军对敌零式飞机构造之研究。自日军以零式机投入战场以来，印、缅、东南亚、我国战区的所有飞机皆非其敌，战场空中优势为日方掌握，因此各盟军亟欲寻求是项飞机构造资料，该叶员为争功致宝贵敌情资料之毁损，愚不可及。我所以裁决战果为“共同击落”，而不以第三团击落独揽，乃为荣誉分享友军，该新兵连亦沾上一份。我并获得防校黄镇球校长电报，推崇我指挥卓越，使其所属得立下战功；对三十三集团军李营，我同样处理。

五月二十二日，敌轰炸机三十六架在三十六架零式掩护下，来袭我太平寺机场学校，高空投弹；其零式机则改变低空攻击方式，对我布置饵机，采取目标外三、四公里处降低高度，对准目标、作超低空飞行瞬间攻击法，躲过我直接掩护目标机之火网。此役站部办公室被炸焚毁，飞机场亦遭轰炸，所幸数小时即可修复。余鉴于敌人遭受教训，立刻改变战法，乃立即召集所属部队军官，连夜进行检讨，采取因应措施，除直接掩护之火网外，在场外构筑阵地，捕捉其降低高度之顷及其将行脱离拉高之顷，密集火力猛击，并使官兵熟记作战方法，以便迅速迎敌。

五月底，我团移防进驻新津机场，此机场为应美方盟军之需求，必须能降落B二九重轰炸机，因飞机着陆滑行时场面抗力加大，乃修建跑道，为我国首度创建的大机场大跑道，动员民工壹万余人，施工一年，始告完成。在配合盟军需要及我军现有飞机性能不及敌机之现况下，采取空中疏散及地面疏散，因此川西各机场周围及沿川康公路沿线，皆将飞机、油弹、器材、疏散掩蔽，避免敌机轰炸及日谍、“共谍”之破坏，乃成立川西对空作战指挥部。指挥官为刘湘所属之陆军一师师长刘树成中将，副指挥官由我兼任。刘师派步兵两团归我指挥，担任次要防护任务外，并派四川省保安第一团归我指挥，分担防务，特三团及特二团之一个营仍归我指挥，担任较重要之任务，原配属之防校高射炮两连及三十三集团军高射炮营，仍然归我指挥，总计兵力超过一个师，防地辽阔，部队分散担任警卫勤务，如应付紧急必要时机，则无法集中机动。特三团有四个营，我除负责前述任务外，为求保持部队之精练，仅用三个营服勤，每三个月轮流抽调一个营至机场北端之中兴寺集中训练，亲自督训，使部队劳逸均衡、战术技能精练与精神思想统一。由此，我团每年参加成都陆军官校联合阅兵大典、元旦、军校校庆、国庆及空军节阅兵分列大典，均能获得最优的评赞，航委会主任周将军也常向人夸耀我团为全国最优秀的军队。

自从日机改变战法，而我军为因应亦积极改进，日机空袭迄未敢低飞。三十年七月间，新津机场跑道边有我轻轰炸机 S·B（俄制）一架滑出跑道边，着陆轮陷入土中，斯时机场尚无吊挂车设备，短时间难以推到安全地方，而敌机空袭警报频传，我乃命第二营营长陈植泉，以该营重机关枪连及其三个步兵连，另配属团直属小炮连徐之庭连长归其指挥，布署低空火网，直接掩护该机。第一营营长吴渊明指挥所部及团直属高射机枪邱辅英连，在跑道两端外预设阵地，捕捉敌机降低高度及脱离拉起之时机，予以猛击。日战斗机十八架果如所料，以五千尺高掠过机场上空后，改变队形，逐架降低，自北向南攻击我陷入跑道边之轻轰炸机，双方如此对抗互射半小时，敌机轮番而来，而我中低空火力仍能把握时机予以猛击。余在机场东边土堤上指挥，亲见敌机遭到低空火网密集射击时，表现出机左右上下摆摇数次始恢复常态，其十八架中，有五、六架有此现象，余判断该机已被我枪弹击中，已受伤无疑，而机场两端之射击火网亦造成数架敌机有同样现象。后据川东防空监视哨报告，来袭敌机十八架，出川敌机仅看到十二架，其余极有可能因受伤而在途中深山坠毁，上级对此类战果迄未予承认。余就任川西对空作战之任务以还（二十八个月），统计作战数十役，敌方来袭飞机架数，每次都有三、五架未出川，总计约七、八十架之多。友军卖命出力助战，地方政府与民众的同仇敌忾亦功不可没，使余沾光，得此战绩。

抗战期间，物价飞扬，为改善官兵伙食，命各部利用机场堤外空地及堤上坡地种菜、牧羊，规定以一人一羊为目标，每连养猪十头，作为生产竞赛，不到一年即成绩可观，空军总指挥部参谋长林伟成将军前来参观，并报请上级奖励；既能解决官兵之营养，又可陶冶其性情，一举两得。

三十年秋成立弹花剧团（演员在官兵中选拔），演出平剧、话剧。另有歌咏队、篮球队。篮球队拥有郭克、陈占高、吴泉泰……等十余位官兵组成，称霸成都地区三年。团本部及各营营部皆设有民众诊所、民众阅览室，所部有晚会、球赛，皆与民同乐。与民众水乳交融，为战时大后方安定的良好象征。

我任务范围包含成都、华阳、温江、双流、新津、嵋山、邛崃等县市及八个飞机场，配属指挥之部队及其他川军庞杂，地方袍哥势力更为复杂而强大。与川军协调事项，不过问其在地方征粮、征兵、肉、鸡及烟灯税、贩卖烟土，有百姓控告亦不予受理，请其向绥署省府去办。每日常有武装部队通过我防地（护运烟土），我绝不阻挠，仅请其给一名片或打一通电知会，以免误会就算了事，但不得吸收我部官兵加入其帮派或收藏我逃兵。查获日谍、共谍，必须交我部处理，对我空军官兵及眷属、飞机、器材、油、弹与盟国官兵等，必须保护。

袍哥帮派互斗，一概不予过问，但要求在我防区范围内，不得打斗滋事，携枪械赶场，必先知会当地驻军，以免误会。夜间绝对禁止鸣放威武炮，以免惊扰盟军人员，亦不得吸收我兵加入其帮派。四川袍哥多有优良枪械，若全省能团结合作，数十万大军难与抗衡，帮派领袖人物，讲义气，在中兴寺村中有一富豪，因犯案被通缉，不敢回家，其父过八十生日，拟回家祝寿，央人请求我不予逮捕，我答应所请，但先来见我并宣誓做良民、遵守国家法令，回家后如须离开本村，必须报告本部。其他帮派首领，知我宽厚，咸来请求协助，我亦妥善协调，皆大欢喜。致一些帮派首领援例申请，接踵而来，无形中成为袍哥的总舵把子。

川军部队首长经常邀宴，但我赴宴定不带武器、侍卫，每宴必开怀倾谈畅饮，以示坦诚，若请我横榻一试吞云吐雾或欣赏川剧，也予接受，以示同好，因此也获得川军将校之好感。刘树成师长虽为正指挥官，三年中从未见其穿过军服。也未曾莅临过指挥部或视察过部队，终日窝居其少成公园后面半边桥街之公馆，一袭蓝布长袍，执旱烟杆，穿布鞋。我每周均亲到其公馆报告一周防务概况，我服装整齐，执部下之礼，他亦能谦逊以上宾看待，有时力挽我陪他到中山公园听弹琴、上小馆子食豆花饭，虽是草莽出身，不失为忠厚之长者。川军将领要我加入其非法经营牟利，我加以婉拒。

三十一年秋某日，空军驱逐部飞行员自双流到成都所乘之卡车，适有黑色小轿车紧跟其后，川康公路系碎石路面，路幅狭窄，尘土飞扬，小轿车紧迫卡车之后致饱食浓尘之苦，大鸣喇叭，继而以手枪向卡车射击，迫令卡车让路，待卡车至稍宽之路上靠侧停下，而轿车也超前停下，乘车者为绥靖公署少将警卫团团长邓亚明（日本士官出身，陆军大学深造）及其两个胞妹（邓主任锡侯之男女公子），邓团长下车盛怒，漫骂卡车司机，并以手枪打击司机之头部，卡车上我空军飞航员睹此粗暴行为，忍无可忍，立即跃下卡车，击倒邓团长，缴其械，邓亚明头破血流，仓忙开车遁去。数十年来川军不听中央命令，拥兵自雄，其源久远，不足为怪，其劣性发作，在大后方实堪忧虑。其后得到毛总指挥及张廷孟参谋长的电话，令我增兵加强空军单位之卫护，告知邓部有数师驻在成都近郊，因其公子被我飞行员打伤，其警卫团与他所属部队为复仇，有攻打空军单位的企图，命我严加防备。余听知此事始末，经审慎思考后立即报告上级，由我亲自来化解这紧张局面。第一，我军人员严禁穿军服外出，我军现有之部队暂勿调动，以免刺激对方，只能暗中自卫。第二，我亲自赶到成都邓主任公馆向邓亚明道歉与慰问，要求晋见邓上将，陈明代表空军前来致歉，并晓以大义，勿受他人挑拨煽惑。为化解此紧张情势，请上将与邓团长及两位女公子一同乘车到我防区内，以参观机场跑道为名，沿途我负责安全，如此使军民大众亲睹主任一家与我军和睦如初，则一切谣言自然消散。邓上将采纳我的建议，于翌日带其男女公子（邓公子尚以纱布绑包头部伤口）乘车到新津五津镇参观跑道，我以步兵一营作仪队，用军礼迎接于机场大门，余偕彼等步行到机场中央观察跑道，并为报告机场设施详细情形及我部对空作战之布置。此事邓上将表现雍容大度，亦甚了解盟军急切需用此机场助我抗日反攻，而对我部在太平寺机场击落日机及在各机场防护表现，甚表嘉评，然后驱车回成都，一场风波，即告平息。

（十七）调任空军入伍生总队长

三十二年秋，空军当局以美空军已加入我国战区并肩作战，压迫日寇制空权东移致不敢深入我川西大后方，第一线各战区制空权逐渐夺回。同时，美国允许代训我空军飞行、机械、通信、测候等学生，以节省器材、油料运来之浪费与艰辛，乃大量招收空军各校学生，经入伍训练结业，即分批飞美受训。川西对空作战威胁已告解除，余被调赴铜梁担任入伍生总队长。该总队系自二十七年冬成立，仅训练空军军士学校学生之入伍教育，编制有六个中队、一个练习队，总队长为曾在东北军张学良麾下当过旅长的王秉樾少将，其作风与士校学生总队长张仕贤少将同出一辙，与我的作法则大异其趣。余于三十二年八月十六日到任，计划适应扩编需要，首先储训干部。因入伍生教育最重要者为基本的军人动作、生活要求，队职官以班长、区队长为最基层的干部，其素质影响学生训练成败甚大，必须以陆军官校毕业出身之尉级军官充任，因此报请上级转请陆军官校每届毕业生分发数十名来总队担任班长。当新任班长人员到总队时，必成立军官教育队，训练新进干部，讲解空军特性、传统精神、作法、要求等，交换做法、经验，统一观念与思想，以宏教育效果。

三十三年，政府号召智识青年从军，全国热烈响应，其中愿投效空军者约五千人，陆续从各省前来报到。同时奉到航委会命令，将总队扩大编制为四个大队，每大队四个中队，另一暂编队（专负责收容各省募来送到重庆的学生，并转送总队之任务，在候车期间加以管理与训练）。斯时总队副总队长兼教育组组长为朱志和上校，总队附兼第四大队长为冯恕谦中校，总务组长周祖继少校，经理组长刘文祥少校，医务组长张聿恕少校，秘书室秘书李国良少校（兼文、史教官），总教官（兼战术教官）为韦师洛上校，英文教官乐沂少校，数理教官邓继勋少校，国文教官李章伯少校，体育体操主任教官王增全中校，体育教官陈家夔上尉、曾良海上尉，劈刺教官黄天榜上尉。第一大队长王逢恩中校、大队附兼第一中队长耿晓光少校，第二中队长赵吉少校，第三中队长邵华少校，第四中队长赵树泽上尉，第二大队长施有终中校，大队附周天怀少校，继任大队长黄金铠少校；第三大队长谢士铎中校，大队附谢承勋少校；第四大队长冯恕谦中校兼，大队附官福升少校。二、三、四大队之中队长计有王铁诚等十余员，及练习队长夏补勤，暂编队队长蒋复声等，区队长五十四员，班长一百五十四员，各部门教官三十余员，政治训练处主任张龄中校、（继任有高殿均中校、孙念祖中校），政治教官由各中队驻队指导员兼任，总计有二十余员。

空军官校飞行入伍正期班一年，完成陆军军官养成教育，嗣因需要孔亟，缩短为六个月完成；射击士原计划为六个月，后改为三个月；机械学校高级班原定为六个月，后改为三个月，正科班六个月，军佐班（已具专长，补行军训）三个月，初级班三个月，通信学校高级班原定六个月，后改为三个月，正科班六个月；军佐班（已具专长之文人，补行军训）初级班三个月；测候训练班，高级生三个月，正科生六个月，初级班三个月。又因抗战招收飞行学生不易，而营养不良则身体难得健全，又因学校教育残缺，学科难如理想，乃录取虽因体格有缺点然尚能纠治者，于入伍期间纠治，学科虽有部分稍差，于入伍期间补修，因此总觉不仅为军事入伍训练，且兼办学校文理科学教育。各高级班学生为大学毕业程度，各正科班学生为高中毕业程度，各初级班学生为初中毕业程度，各军佐班学员皆为现职官员；各校各班级程度不一，悉以同性同期编为一个中队或数中队，中队为教育训练之中心，大队则负督导考核之责，集初中程度至大学毕业程度之学员生冶之一炉。每日朝会、晨操、升旗、降旗，每周周会，皆由总队长领导行之，每次集会均有精神讲话，根据各队学生的表现以军人生活、军事思想之要求或时事剖析、政令宣导，作深入浅出的阐明批评，使程度高者不觉厌烦，程度低的觉得津津有味。以上集会，不独各队官生参加，政工人员、学、术科教官、总队部行政卫生人员、全体官兵，均须参加，形成紧张蓬勃之朝气，精神旺盛之团结队伍，使入伍生在此种环境中养成其军人生活之习性——迅速、静肃、整齐、清洁，服从命令、严守纪律的精神。

凡学生入学，第一周必须于自习时间背诵国父遗嘱、军人读训全文、党员守则全文，第二周背诵空军训条及信条、步兵操典纲领全文，于背完后作文写心得十篇，于三个月内缴卷，评分公布于周会中，并颁奖最优者。中、区队长、政治指导员分别担任讲解以上规定之条文，于早晚点名或自习时间行之，不占用正课时间。总队长于朝会、周会中讲话，悉依据前述要求背诵之文献，以批评时事及总队行政措施与各队学生生活表现作结论，有时引申孙子兵法、六韬、三略、曾胡治兵语录、国父遗教、领袖蒋委员长言论集等。

（十八）入伍生总队迁台及兼任警卫旅长

三十七年十月十日，率干部三十六人飞台湾，筹设东港大鹏总队新址。自十一月初起，总队分批陆续自铜梁分乘飞机、船，经汉、沪转赴台湾。本人于十二月初奉命调赴南京兼任空军地面警卫第二旅旅长，将所属警卫第三、六、七等三个团，自南昌、南京集中上海江湾，候船转运台湾。十二月底，三个团先后抵达台中市，幕营于台中市体育场及公园。三十八年元月，进驻南投镇旅司令部及第三团，草屯镇驻第七团，彰化市驻第六团。在南京奉周总司令面谕，争取时间加紧训练，备作能负野战之用。他又说，为什么你不是第一旅而是第二旅，言下颇表不满；这是警卫司令万先生对我有戒惧之心的表现，但我皆不予计较。从在成都任特务旅第三团团长时起，万对我万般嫉视，深恐我取代他，因其在空军的人缘、学识、才能皆不如我，我到该部工作带给他们光荣，创立功勋，不但不感激，反而嫉视，相反的，我从未在周总司令前批评他们警卫部队任何官长的不好。

（十九）警卫二旅的训练

三十八年元月，辞了入伍生总队长，将总队与幼校合并改为预校，我则专任旅长，策定训练计划：①将警卫部队的性格由堕性转变为机动，②特重射击。这是针对其缺点而特予要求，1. 跑得快，2. 打得准；集中、分散，迅速确实，打击准确，弹不虚发。每天训练以此为中心要求，训练开始未及一个月，又奉命建筑全省各机场防风堡垒，至四月始告完成，重返训练基地赓续上项训练。

（二十）奉调厦门

忽奉总部口头命令开厦门归警备司令石祖德指挥。一方面训练未完成，野战装备尚未配备；一、无山野炮兵；二、无轻、重机关枪；三、无八二迫击炮、六〇炮、火箭筒、机榴弹、手榴弹；四、无通讯部队；五、无卫生营、连与野战医院；六、无输送补给部队。以上皆野战所必备，否则焉能独立担负战斗任务？若仅负守卫机场或机关、学校，一切有服务单位供应及野战部队外围掩护，当可胜任，却突然令开离台湾，前赴金厦担任野战任务，简直似驱羊斗虎了，这是王副总司令在溪口向老先生夸称劳旅如何优秀，如何坚强？而手令交毛瀛初送上海周总座，周当时反问毛瀛初："这个旅，老先生如何知道？我尚未向他报告过。"乃知是王之所为，甚表不满云："这部队尚未训练完成，抑且亦尚未装备好，焉可作战野用？台湾野战部很多，为何不调用？这事我不管，任王去处置好了！"王命我到厦门去见石司令祖德，石司令见面即索取兵力表（人员、武器、弹药、通信、后勤……等），他当时表现非常不满意，谓："这个部仍是看门的嘛，王 ×× 吹嘘是中国第一流部队。"嘱我先回台湾，他可能不会用，如要用也必先充实装备。翌日返台，连夜自台北赶到台南招待所去见王副座，将见石司令经过报告，他立即责我为何不多美言几句？我说："军中无谎言、无戏言，人问战力，我们除了一手枪外，其他阙如，要我从何说起？"但我也曾报告说道：军官皆军校出身，士兵乃多年老兵，战志高，可靠亦可用，可是他人是讲究作战实力的。职是之故，我建议先在空军现有之装备中可充陆用者，即行改装应用。乃先将霍克三上的五零机枪五十四挺，连夜装置脚架（这五十四挺在金门作战发挥了甚大效力），又将接收日本的高射炮双管一寸半口径的装轮架（在金门时尚未装妥，到了舟山始行运到应用），对岛防作战颇为有效。于是到六月中旬，东南长官部代电空总，要我这个旅开厦门，归厦门警备司令石祖德指挥。空总将此代电的原电送给万用霖司令，万则将原令给我看，他接着说：这是陈长官的命令，我们空总周总司令及刘副参谋长国运均不同意你这旅开去厦门，去否由你决定？我当时说：你既将这代电给我看，我当然决定去，你如不愿命我去，为何要将此电给我看？军人当以战场为事业，我决定去。这消息不胫而走，各级眷属纷纷到我家向我内人责问："你丈夫想升官发财，硬把部队开往大陆作战，总司令、万司令均不同意开出去，我丈夫如有不测，我搬到你家住，请你供养。"空军地面警卫司令部向东南长官部领开拔费——老台币五亿元，万用霖司令先向三位团长说好，他留下两亿元，另三亿元交旅部分配。万对我说：三位团长同意给他两亿，其余由我处理分配，这是部队开拔费，什么叫开拔呢？就是部队由平时状态转变为战时，其所需的战时用品、装备，如：公文箱、图囊、指南针、对空布板、电筒、马灯、扁担、绳索、行军床、绘图报告纸、联络讯号灯……等。万某不出发作战而硬要二亿元，是非法贪污，国家危急还这样做，何以领导群伦？实堪浩叹！我将三亿平均分配给三个团及旅司令部与直属部队，作成四份分配，由各部队长自行处理。我旅部则推派三人小组采购作战有关用品，不留分文给任何人，其他三个团由团长处理，不便过问。我半途领导这队伍，实难过分要求，其长官作风如此，我将如何呢？关于此事，吴友霖非常清楚，他与这部队有深厚感情，与万某结纳亦深。就不便往下说。我就是处在这种状态下，把部队统率到厦门，唯一令我安慰者，乃入伍生总队数十位官兵组成的司令部，同甘共苦，士气如虹。三十八年六月二十日，部队乘船抵厦门，向厦门警备司令石祖德报到，全旅四千六百人，除了五十四挺机枪外，空总另配属对空电台V、H、F一座。当即命余率两个团及旅司令部进驻金门列岛，担任警戒，另一个团留厦门担任警卫任务。斯时仍加紧训练，第六团团长王良栋装病请假回台湾，第七团团指导员亦借口回台，另有干部十余人借故离去。对这些现象，我早有心理准备，当即向部队宣布要革命、肯吃苦的就留下来，一起革命，绝不亏待任何人，要走的绝不勉强，否则等到接受战斗任务时，耽误了军机，就要军法从事，如此部队才稳定下来。七月中旬，二〇一师由闽江口撤到金门，接我们的任务，我始率部队回防厦门。斯时，领袖蒋公莅临厦门，驻节鼓浪屿，由本部担任警卫。总裁在鼓浪屿召闽南各军师长开会，我亦与会。蒋公指示如何稳定东南半壁、策定反攻、整训部队。又一个月，逢八一四空军节当日的上午，在厦门大街举行阅兵，全市张挂国旗，展示本部威仪以安定人心（斯时福州吃紧，厦门外围有土共骚扰）。

（二一）扩编为四十五师

八月十六日，本旅奉命扩编为二十五军四十五师。改编前夕，我电空军总部派专机到厦门来接我到台北参加总部庆祝空军节大会，并报告防务及请示尔后改编后一切事宜，催促继续装配机关炮，运送前线成立炮兵营使用。东南长官部以无炮为由，不准成立炮兵营。因此我为增加战力，乃向空军要高射炮改装作陆用，为了经费问题，总部刘副参谋长国运允借银元壹万元，利用空军飞机往返厦台之便，将银元在厦换美钞，而在台变卖，赚取盈余以作成立炮兵营经费。

警卫二旅四六〇九人，缩编成一三三、一三四两个团，由一百五十师拨一四九团、一五〇团，约两千余人，编成一三五团；其余编成师直属部队：工兵营、师部连、炮兵连、卫生连、输送连、通信连，于八月十六日宣告成立，军长沈向奎归福建省主席兼任二十二兵团司令官李良荣管辖，防守金厦地区。二十五军另一个师由空军警卫第四团及福建部队两个团编成四十师，师长范麟。这二十五军的编成，完全靠空军部队为基干，其余仅有壮丁，毫无装备，而将军长职权让给他人，空军警卫司令万用霖仍可留在台湾。金厦地区防御工事，由二十二兵团部向东南长官部领来黄金白银，作构筑经费。构工组长由范麟旅长担任，该旅尚在台湾，监工组长也由万派团长田一鸣担任，金厦工事名为永久，其实较野战工事都不如。

范麟的部队于八月中始开赴金门，我部于六月中开驻金厦，工事从七月份起构筑。本师编成后，负责守备厦门、鼓浪屿，与厦门警备部脱离关系。师部驻江头，加紧训练与构筑工事，统由东南长官部补给，与空军无关了，官兵不分阶级大小，每月每人五元大洋，仅够糊口。至八月底九月初，汤总部进驻厦门，本师将防务交给刘汝明兵团（有两个军四个师），移师驻防金门。

福州撤守，“匪”势直逼金厦边沿，东南长官部以自由轮运补粮食给金门守军，常因浪大致旬日难以卸下，守军不得已向乡民借红薯、芋头为粮。

余每日中食，必在第一线构工部队进食，十月十五日于金门下兰一三三团三营十二连，与该连官兵进食，每人于木桶中盛一嗽口盅芋头及其叶等混煮的中餐，某中士班长盛一盂送余，浅尝觉得很可口，甜的，当向另一列兵取所食者一尝，则不一样，立即责问某中士班长为何我的不一样？彼当时答道：师长年龄大、责任重、日夜操劳、应该要营养好，方能维持体力，我所盛给的私置了糖，这糖由台湾带来，许久不舍得食，今天师长驾临，特为供奉耳。余当即宣布：大家将已盛的食物一律倒入桶中，余所执的也倾入混搅匀再分盛，以示同甘共苦，不接受特殊，并奖勉该中士。余当时非常兴奋，几乎落泪，窃谓带兵至此，有如此良好表现，可以战矣！证明了革命不一定在好环境中所能为？在艰难环境中，能以身作则、领导有方，也大可有为也。

（二二）金门序战前状况

九月，本师进驻金门，担任守备金门岛东部及前进岛屿——小嶝、角屿两小岛，加强工事与训练战技，演练滩头反击、步兵战车合作等等。十月初,“匪”进犯厦门,刘兵团作战失利,忽奉汤总司令恩伯电命本师集结码头待船进援厦门,不数小时,又来电撤销前令,仍守原防,总部即移驻金门。刘兵团作战不到两天,即行撤守返台。汤总司令进驻金门,即召开军事会议,研讨作战方略,斯时列序如下:汤总司令部一个警卫团守小金门。二十二兵团部、二十五军军部辖四十、四十五两个师,及军直属部队,另陆军二〇一师两团及直属部队,守备金门。四十五师守东部,二〇一师守西部,四十师为预备队。汤总部警卫团、二〇九师军官队、第五军军官队共约数百人,一六六师约二千人,归五军军长高吉人指挥守备小金门。在汤总部开会时,汤老总命西部派一个团守前进岛大嶝,另派一个团协助抢构工事,命东部派一个加强营守小嶝及角屿。余当即表示不同意此措施,总兵力不到九个团,却将两团以上兵力配备于前进岛屿,未免太分散,应集中兵力防守本岛决战,何况大嶝、小嶝潮水退则与大陆相连,不但部队通行无阻,载重车辆重炮也可以通过,这叫半岛而非岛也,应仅派少数部队警戒掩护,并配予船只,能守则守,不能守则撤回本岛,方为上策。总司令、兵团司令、顾问根本博均坚认:大嶝、小嶝不守,则金门绝对不能守,因此范麟师派两个团进守大嶝,我则宁可抗命而仅派一位营长赖治奇率步兵一连、重机一排进守小嶝及角屿。

胡琏部十二兵团所属十八军、十九军两个军,于九月底由汕头乘船抵金门料罗湾。十九军驻西部,十八军驻东部,均为总预备队,沈向奎军长仍任西部指挥官,十八军高魁元军长任东部指挥官，金门防守司令仍为李良荣担任，至金门大捷后二日始交任务给胡琏。汤总部于厦门撤退前，本师正面敌军为叶飞兵团，下辖五个军约二十万人。某日深夜，派舢舨载兵一排由中尉排长一员士兵十八名，向本师阵地作威力侦察，一三四团正面，于田圃北、青屿以南海面，集中火力胁迫其靠岸投降，当奉汤老总命令，押解送厦门总司令部审讯。十月二十一日夜九时许，“匪”以一师之众来进犯大嶝范师阵地，激战至次日上午，我方损伤了一个半团，由高魁元十八军所属十一师刘鼎汉师长率一个团到大嶝支援范师，仍守不住，也损伤了几近一营，至下午，范、刘两位师长始奉命撤离大嶝，回金门本岛。这是大嶝前进岛序战的状况，也是决策部署缺失的结果，可不慎哉？为此，我向总司令汤公请示，敌人若以数倍兵力进犯我正面前进岛屿小嶝、角屿，而我守备部队抵抗不住时，可否准其撤回本岛？增援无船可用，上级不予答复，听任自处。休兵一夜，次日黄昏退潮之际，“匪”以数团之众进攻小嶝、角屿，赖营长自与“匪”接触后,连连在电话中报告战况,经一夜战斗，勉以不成功即成仁，小嶝、角屿随即陷落，牺牲了一位营长及一连官兵。以上是金门前哨两个重点岛屿无谓的损伤。如采纳我的浅见，当初仅派少数部队警戒，并给堪用之船只，打不过则撤回本岛，应可免去这场损伤。再者，金门本岛也未曾因该两小岛之不守而丧失，反而坚守迄今，日益坚强，屹立于太平洋上。

（二三）金门本岛之战

十二月二十四日傍晚，即感觉"匪"岸动静有异；往日灯火处处，车辆交往频仍，而今夜静寂得很，当即报告总司令及高军长（本区指挥官）判断，"匪军"正在休息，养精蓄锐以备拂晓作战。于是建议我官兵提高警觉，加强戒备，给官兵于上半夜充分睡眠，并命配属的战车营陈营长振威检查车辆，多加燃料子弹，并命二〇一师所属山炮营整理装备，检视观测所及与各部队之通信联系，饬一一八师唐团长命所属充分休息。并率少数幕僚至一三四团傅西来团正面马山巡视，观察"匪"岸。十二时顷，据战车营陈营长报告，黄昏前曾派一连战车到二〇一师正面与该师守备部队演练滩头反击，有一辆战车行至观音亭山后中央公路上抛锚，未归营，留置官兵看守，当夜这辆战车就发挥了相当大的效用。以上三个有力的配属部队给我用，是判断"匪军"必由我正面攻击；因我岸距"匪"岸（小嶝、角屿）仅一八〇〇公尺，而西区郑果师正面距"匪"岸大嶝六〇〇〇公尺，"匪"登陆我岸近，容易把握航向，步、炮兵容易协调之原故。至零时三十分顷，忽敌岸大、小嶝各燃起大火，其位置正好与我马山——西区尽头之南山、北山，我判断是标定"匪"船航向的标定，恰好是金门岛的北正面，即令第一线注视海面，而敌已发航来袭。因正是涨潮，果然于一三三团正面发现“匪”船，立即以五〇机枪向“匪”船猛射，飞机上的五〇机枪用的都是曳光弹，海面上顿时构成水平烟火，一三四团在侧面也同时侧击，“匪”船避强烈火网，偏航西向，直扑二〇一师正面，守备部队亦以猛烈火力予“匪”打击，迫击炮射敌船，机枪、步枪射击登岸之敌。因此，敌虽登陆而系统组织打乱了、散了，重机枪无脚架，弹药兵与枪兵分散，迫击炮炮管无炮架、炮盘，炮弹药包散了，班、排、连组织皆乱，其战斗力因此大减。在水际“匪”伤亡颇重，上岸“匪军”渗透侵入第一线后方，因组织已散，而未能发挥整体力量，少数渗入“匪兵”至中央公路，猛然遭遇抛锚战车，而畏缩停顿，被我战车上之枪炮射击歼灭，保全了大后方的稳固。当西区苦战，我正面则沉寂宁静，奉总司令命令原配指挥之山炮营、战车营、一一八师唐步兵团，统归二〇一师师长郑果指挥。斯时正当拂晓，郑师得此三个拳头，大显身手，予“匪”严重打击，及天破晓，高魁元军与刘云瀚军亦派部队合歼登陆之“匪”。天方曙，我神鹰子弟十八架P五一凌空而来，从起飞至金岛上空，直呼叫总队长不停，要我答话，问我战况，并请示任务，当即答复我区无战事，西区情势吃紧，最好先孤立战场，意即将“匪”岸及航来已靠岸之“匪”船炸射毁坏，并转告后来友机继续这项任务。泉州湾以南，东山岛以北，漳州以东，凡有船舰皆一律炸射毁灭之，“匪”登陆所乘之船近百艘，在我岸边被炸射焚毁，又敌岸无船可用，已登陆之“匪”万余孤立无援，已成瓮中之鳖。

当日空军出动轻轰炸机、战斗机P五一、P四〇等机共约二〇〇余架次，同时也轰炸大、小嶝的“匪炮兵”阵地。我并告知空军部队，夜间不必派轰炸机、战斗机来、请派遣C四七多加油、多带照明弹，于金门岛两端上空海上各投乙个，以照明金岛海面，使敌无从偷袭，登陆未灭之“匪”无法整顿重组。当夜，空军健儿完全照办，效果非常圆满；虽然“匪”利用最小的舢舨潜航数百人来增援，然仅滞留在岛西北角悬崖水际，未能参加战斗即被俘。二十六日中午，“匪”盘踞南、北山几个村庄的民房多为钢筋水泥的坚固房子，据守难攻，不得已逐屋追逐肉搏，又我原有的堡垒为“匪”占据，屡攻下下，总司令汤公命空军炸射堡垒。以两军密接战斗，要空军去炸这样小目标，且陆军步炮兵亦可自行处理清灭，何劳空军呢？我空军健儿以此项任务碍难承受，向我报告，当即答复婉拒之，仍以孤立战场为主，制压“匪炮兵”第二优先；岛上陆战让战车、炮兵、步兵去执行，不能把空军飞机当炮兵、步兵用，那成本太高了！陆军将领如此支配空军战力，实在浪费，良堪叹惜！二十六日傍晚，最后之敌于古宁头被减，战事方告结束。二十五日上午七时许，周总司令至柔偕蒋经国、蒋纬国、孙立人等将领乘飞机至料罗湾机场，周将军立刻打电话垂询我有关本师战况，当即将实况报告，并要求由本师抽调一个团参加西部战斗，以便实习实战，考验本人训练部队之效果，承告万勿轻举妄动，指我正面对岸“匪军”数十万，随时来袭，战备应多加小心，提高警觉为勉。长官冒炮火至战地慰问，盛情可感！可不勉哉！

（二四）金门防卫部之更替

二十七日下午六时，接汤总司令笔命记令，命本师与四十师、二〇一师等到料罗湾登船到台湾整训，当命部队集中料罗湾待命。二十八日上午八时，忽接胡司令官琏电话：谓奉陈长官辞修面论，四十五师全部归十二兵团管辖，加入金门防卫部序列。汤总部、二十二兵团李良荣、二十五军军部统结束返台，金门防卫任务由十二兵团胡琏接替。当时我的副师长、三个团长一致要求不接受胡的命令，坚持返台，我嘱："稍安勿噪，你们要切实掌握部队，封锁是项消息，待我到水头总司令部去见汤老总及陈辞公后，再作计议。"一进到总部大门，即遇汤老总于门前，他便拉我进厕所内说："你是来找陈长官为着你部队的行动吗？你不要去见陈了，我方才和他争了一阵，就是不允留下贵师，他坚持要留下，且立刻进驻防守小金门岛，你不用再去碰这个钉子。待我明天到台北与周总司令商量，把你这师调回台湾，要小心！"一会儿，我出了厕所，适陈长官自楼上下来，即向他敬礼，他直呼劳师长："听说你不接受我的命令开往小金门？"我高声答曰："并无此事，我部队已集结料罗湾，等船赴小金门中。"陈长官说："那就很好！那就很好！"我回到料罗湾召集连长以上军官佐训话，军人以战场为事业追逐之场所，岂可轻易放过机会，我已见过汤老总、陈长官，本师立即进驻小金门，担任防大担、二担、小金等岛屿，不得有违。斯时，胡琏司令以名片写致送我五千银元，却之不恭，当收下交经理组长，经过一个多月，师部实在没钱，乃持胡给的五千元名片来请示？可否去领取拿来应急，余不得已应允领取公用。

（附）金门保卫战之检讨

优点：1. 空军迅速将“匪”船消灭击毁，孤立战场；

2. 战车勇敢无敌；

3. 胡琏兵团适时赶到支援；

4. 各部队不分彼此，全岛一命，通力合作。

缺点：1. 前进岛屿：大嶝、小嶝，派遣部队过多，又未付予堪用船只以相机撤退，未能保全实力；

2. 陆军将领对空军使用欠当；

3. 战斗结束，不召开检讨会议以作论功行赏之依据，各高级将领忙着派拉部队、争功诿过，丑化他人，标榜自己，进而吞食其部队。实际上是汤老总与李良荣、沈向奎负责指挥，亲冒炮火在第一线奔走指挥两天一夜，二〇一师、四十五师是守备部队，全师摆开进入沿海岸阵地，不能集合起来和敌人拼，胡兵团十八、九两军乃后来任总预备队，经防守部队将敌人打乱、打散。再由总预备队出击歼灭“匪军”，而收战果。汤、李、沈三位长官已经作古，我们政府应该予其应得的表彰，以慰英灵于九泉，而勉来兹！

是役，敌人若不先攻厦门，径攻金门，则胡兵团晚到而赶不上迎敌作战，使金、厦首尾面敌，则汤老总陷于两难之境，“匪”却不作此图而逐岛攻略，致延误时机，乃天不亡我也。

（二五）空军警卫二旅、陆军四十五师司令部人员之组成

空军警卫二旅副旅长范伯超空军中校，迄扩编成陆军四十五师时，调回空军任高射炮副司令，其余各部门幕僚主管与参谋，由入伍生总队调任者：陆军中校耿晓光、张意如、刘健敏、何道锡、陆友松，陆军少校叶希茂、普嘉斌、凌子齐、谭绍唐、丘之英、劳声寰，陆军上尉杨西民、曾初旭、杨烈华、郭速、陈相道、陈威、赵天纲、崔玉岗……等。另增加陆军少将副师长郭玉田（原任警卫五团上校团长）、第二副师长兼政治部主任陆军上校朱志和（原任空军入伍生总队副总队长），参谋长陆军上校骆维藩（原任五十师一四九团团长）、副参谋长陆军上校邱辅英（原任警卫团副团长），参谋处长陆军上校徐念文（由军官总队调用，现任台湾大学化学教授），后勤处陆军上校处长冯惠民（原任警卫团中校团附）。

对徐念文补充说明

徐念文，浙江人，军校十三期毕业，曾在入伍生总队任上尉区队长，卅二年冬，志愿带兵打仗，辞职追随王秉樾师长（前入伍生总长），胜利后，转七十一军任少校营长，在四平街与共军大战数周，全军殉国，而被俘，其后乘间潜逃到厦门，归队任军官总队中校队员，我率师进驻厦门，久别相遇，相谈甚欢，其学识才能与作战英勇，我颇为器重，我部正需要是项人才，因此延揽其任作战处长，其在金门作战与进驻舟山之一切表现优异，因我于舟山还师遭诬去职，亦连累到他遭歧视而离开部队，投考台湾大学化学系，毕业以成绩优良，留校任助教，以后升任至教授，报国之道多端，有为者何往而不利？乱世人事不上轨道，不知糟踏多少人才，良可慨也！

对副旅长范伯超之说明

范伯超，四川人，军校九期肄业、航校二期毕业，意大利航校深造毕业，卅年在川西邛崃任空军第五大队长，胜利后调任驻苏俄武官，在大陆逆转前，因其与某空军长官间有嫌怨，而任闲职，南京撤退前夕，我在京集中警卫部队待船运赴台湾时，晤其全家正彷徨于赴台、回川之间的急切焦思之状时，我即刻表明我意，请其立即随我到台去，不可回川，谓：“你是我的学生，我有饭食，你也是可有一半可食的，我当总队长兼警卫长，我可保你当副旅长，别人不要你干飞行部队，地面部队，他人不会来过问，我敢担保。”因此他才下决心全家赴台转厦门追随我当副旅长，旅改成陆军师，因他无陆军资历，乃力保他任高炮副司令，退役当选台北市议员。

附录二：空军节五十周年纪念献辞

劳声寰

东海风云告急频　　先机把握歼木更①

笕桥飞将初展翼②　　以六比零树军名③

不让志航立首功④　　白云广德竞添荣⑤

柳江支援台庄捷⑥　　武汉合击战果丰⑦

崇诲英烈身报国⑧　　人机炸弹拚龙骧⑨

焕升文弹征三岛⑩　　警告日民莫逞强

三轮号称红武士⑪　　太原饮恨遇其光⑫

木村铩羽太平寺⑬　　智勇神枪固空防

日寇陷泥犹悍横　　三军奋战步为营

云情虎队飞来助⑭　　长沙三捷感义行

中美结盟越驼峰⑮　　陆空协同总反攻

追奔逐北三江定　　扫穴犁庭寇势穷

越岛攻略似旋风　　寇酋山本丧海中⑯

冈村建业呈降表⑰　　国耻百年一扫空

说明：

① 木更津，是日本空军轰炸联队，于廿六年八月十四日，

以卅六架轰炸机在十八架驱逐机掩护下，进袭杭州笕桥。

② 我空军第四大队高志航大队长率领所部，自河南跃进迎击木更津，当场击落六架伤十余架，我无损伤。

③ 因此名第四大队为志航大队（即杭州笕桥训练者），乃定八一四为空军节。

④ 我第五大队，是广州白云基地训练者编成，巩卫南京，于八一五—六两日，在广德、句容上空拦击日机，日机被击落十余架。

⑤ 我第三大队，是广西柳州柳江基地训练者编成，于山东鲁南会战，支援陆军作战，获得台儿庄大捷。

⑥ 同右。

⑦ 武汉保卫战，我三、四、五大队，联合作战，经十余决空战，共同击落日机二百余架。

⑧ 沈崇诲驾诺斯罗浦战斗轰炸机，以人机炸弹猛撞日航空母舰龙骧号。

⑨ 同右。

⑩ 徐焕升大队长，率领马丁轰炸机队，远征日本，不载炸弹，空投心战传单。

⑪ 日本名将驱逐之王三轮宽，自比德国名将红武士。

⑫ 于太原上空，他以九架之优势，敌我第五大队中队长陈其光五架，三轮宽与其僚机共三架被击落毙命。

⑬ 卅年五月廿日，日零式驱逐机十八架，空袭成都太平寺机场，我川西对空作战指挥官兼太平寺陆战指挥劳声寰，以废

机作饵，诱敌低飞攻击，木村领队率所部向饵机俯冲攻击，木村当场被击落焚毁，并击伤其七架。

⑭ 飞虎队，美国陈纳德将军之航空义勇队。

⑮ 驼峰，喜马拉雅山高峰为我外援主要航道。

⑯ 日军山本五十六海军上将，太平洋司令官。

⑰ 冈村宁次，日本侵华总司令官。

一九八八年八月

附录三：劳声寰先生参考资料

（1）劳声寰将军口述、祖凌云执笔,《陆空两栖忆往》，中外杂志，期二〇四、二〇五、二〇六,一九八四年二、三、四月。

（2）复华,《巴山忆旧：空军入伍生总队述往》，艺文志，期一四〇，一九七七年五月。

（3）李国良,《入出川记：并祝劳声寰将军八十》，艺文志，期二二五,一九八三年六月。

（4）祖凌云,《敬爱的总队长劳声寰将军与空军》，中国的空军，期五一四～五二四。

（5）韦鼎峙,《警卫部队“零式”记》，台湾新生报，台北，一九七九年六月九日，版一二。